세 가지 관점으로 보는 시내산 언약
- 결혼 언약, 교회 언약, 하나님 나라 언약 -

안상혁

합신 포켓북 시리즈 03

세 가지 관점으로 보는
시내산 언약

초판 1쇄　2018년 9월 28일

발 행 인　정창균
지 은 이　안상혁
펴 낸 곳　합동신학대학원출판부
주　　소　16517 수원시 영통구 광교중앙로 50 (원천동)
전　　화　(031)217-0629
팩　　스　(031)212-6204
홈페이지　www.hapdong.ac.kr
출판등록번호　제22-1-2호
인 쇄 처　예원프린팅 (031)902-6550
총　　판　(주)기독교출판유통 (031)906-9191

ISBN 978-89-97244-54-6
값 7,000원

「이 도서의 국립중앙도서관 출판예정도서목록(CIP)은 서지정보유통지원시스템 홈페이지(http://seoji.nl.go.kr)와 국가자료종합목록시스템(http://www.nl.go.kr/kolisnet)에서 이용하실 수 있습니다. (CIP제어번호 : CIP2018030004)」

세 가지 관점으로 보는
시내산 언약

안상혁

합신대학원출판부

발간사

우리는 정통개신교신자들입니다. 정통개신교는 명실공히 종교개혁신학의 가르침과 전통에 서 있습니다. 그러나 우리의 신학은 단순히 개혁자들의 가르침들을 재진술하는 정도에 머물러서는 안됩니다. 전문신학자들의 사변적 논의와 신학교 강의실에만 갇혀있어서도 안됩니다. 그것은 평범한 신자들이 알아들을 수 있는 말로 현장의 그들에게 전달되어야 합니다. 그리고 그들이 현장에서 늘 경험하는 현실의 문제들을 말해주어야 합니다. 다른 말로 하면, 우리의 신학은 오늘의 현장에서 작동하는 것이어야 합니다. 이것은 개혁신학을 탐구하는 신학도들이 걸머져야 할 중요한 책임입니다. 우리는 "신학의 현장화"라는 말로 이것을 요약해왔습니다.

"합신 포켓북 시리즈"는 이러한 노력의 일환으로 합신이 펼치는 하나의 시도입니다. 현장에서 신앙인들이 직면하는 특정의 문제, 혹은 신학이나 성경의 주제를 이해하기 쉬운 일상의 말로 풀어서 분량이 많지 않은 소책자의 형식에 담았습니다. 모든 신앙인들이 관심 있는 특정의 주제를 부담 없이 접하고 어려움 없이 이해하여 현장의 삶에 유익을 얻도록 안내하려는 것이 이 시리즈의 목적입니다. 이 시리즈의 책들을 교회에서 독서클럽의 교재로 사용할 수도 있습니다. 담임목회자들은 교회의 특별집회의 주제로 이 책을 선정하여 성도들이 이 책을 읽고 집회에 참여하도록 할 수도 있습니다.

현장에서 작동하는 신학이 되어야 한다는 신념으로 합신의 교수들이 정성을 들여 펼쳐내는 "합신 포켓북 시리즈"가 이 나라 교회현장의 신앙인들에게 이곳저곳에서 큰 유익을 끼치게 되기를 기대합니다.

합동신학대학원대학교
총장 정 창 균

서문

시내산 언약 : 세 가지 관점
- 결혼 언약, 교회 언약, 하나님 나라 -

시내산 언약은 논쟁적인 주제입니다. 율법과 복음, 믿음과 행위, 그리고 구약과 신약의 관계를 논할 때에도 늘 핵심적인 쟁점이 되어 왔습니다. 일례로 개혁파 언약신학자들은 과연 시내산 언약의 성격이 무엇인지 규정하기 위해 종교개혁기 이래 오늘날까지 논의를 계속해 오고 있습니다. 시내산 언약을 순수한 행위언약으로 보는 견해가 있는가 하면, 순수한 은혜언약이라고 주장하는 사람도 있습니다. 그 어느 쪽도 아닌 제3의 언약이라고 주장하는 사람도 있습니다. 다수의 학자들은 시내산 언약을 내면적으로는 은혜언약이지만 외면적으로는 행위언약의 요소를 가진 혼합된 형태로 이해합니다.

본서는 이러한 역사적이며 조직 신학적 논의를 소개하지 않습니다. 대신 성경 말씀을 주해하는데 집중합니다. 신학적 논의가 중요하지 않기 때문이 아닙니다. 다만 신학적 논쟁점들을 설명하다가 자칫 성경 말씀이 제공하는 달콤함을 맛보는 기회를 놓치지 않기 위해서입니다. 물론 시내산 언약에 관한 모든 성경 구절들을 요약하고 정리하는 방식을 취하지는 않습니다. 몇 가지 해석의 틀을 가지고 구절들을 해석할 것입니다. 단순히 사건들을 나열한다고 해서 역사책이 되지는 않습니다. 역사는 해석을 통해 기록되는 것이기에 당연히 사관(史觀)을 요구합니다.

필자 역시 성경의 시내산 언약을 이해하기 위한 몇 가지 해석의 틀을 제시할 것입니다. 크게 세 가지 관점을 소개합니다. 결혼 언약, 교회 언약, 그리고 하나님 나라의 관점입니다. 앞의 두 가지는 성경이 스스로 제시하는 해석의 틀입니다. 예레미야 31장 32절로부터 결혼 언약의 관점을, 창세기에 계시된 아브라함 언약으로부터 교회 언약의 관점을 도출해 내었습니다. 하나님 나라의 관점은 고대 근동의 종주권 조약이라는 성경 외적인 고고학적 발견으로부터 끌어왔습니다. 이런 면에서 예외적이라고 할 수 있습니다. 그러나 결과적으로 독자들은 성경에 계시된 하나님 나라의 언약이 세상 나라들의 종주권 조약과 어떻게 차별화되는지를 보게 될 것입니다.

위의 세 가지 관점에서 시내산 언약을 이해할 때 얻는 유익은 무엇일까요? 무엇보다 하나님과 신자의 관계에 대한 이해의 폭을 넓혀 줍니다. 또한 우리가 신자의 소명을 깊이 있게 성찰하게 합니다. 시내산 언약을 결혼 언약으로 이해하면서 우리는 하나님의 인격적인 사랑을 발견합니다. 아울러 신자의 고귀한 신분을 확인합니다. 교회 언약으로서 시내산 언약은 우리를 교회와 제사장 나라로 부르신 목적을 분명하게 계시해 줍니다. 한편 종주권 언약의 특징을 반영하는 시내산 언약은 하나님께서 우리의 왕이시고 우리는 그의 신민(臣民)이라는 사실을 특징적으로 잘 드러냅니다. 특히 이 부분에서 우리는 사랑의 왕으로 오신 예수 그리스도의 통치 원리를 확인하게 됩니다.

시내산 언약은 구약 성경에 기록되어 있습니다.

흥미롭게도 시내산 언약을 해석하는 세 가지 틀은 공통적으로 그리스도를 가리키고 있습니다. 따라서 각 장에서 우리는 그리스도를 발견할 것입니다. 우리는 그리스도의 신부입니다(결혼 언약). 그리스도는 교회의 머리입니다(교회 언약). 또한 그리스도는 하나님 나라의 왕입니다(하나님 나라의 언약). 결국 세 가지 관점으로 읽는 시내산 언약은 신자가 그리스도와 더불어 맺는 관계의 다차원적인 측면을 잘 드러내 줍니다. 참으로 예수님이 신자와 더불어 맺는 관계는 풍요합니다. 독자들이 이처럼 다차원적이고 풍요한 교제를 향유하는데 있어 본서가 조금이나마 도움이 되기를 기원합니다.

차 례

1. 결혼 언약으로 보는 시내산 언약 · 11
   1) 신랑의 청혼 · 14
   2) 모세의 중매 · 17
   3) 신부의 승낙 · 18
   4) 신부의 성결의식 · 20
   5) 결혼예식 · 21
   6) 성막 · 27

2. 교회 언약으로 보는 시내산 언약 · 49

3. 하나님 나라 언약으로 보는 시내산 언약 · 85

1
결혼 언약으로 보는
시내산 언약

시내산 언약을 읽는 세 가지 관점 가운데 먼저 결혼 언약으로서의 시내산 언약을 살펴보겠습니다. 이를 통해 우리는 하나님께서 자기 백성과 더불어 맺으신 관계가 어떤 것인지 배울 수 있습니다. 또한 우리를 주님의 신부로 삼으신 하나님의 마음을 헤아려 볼 수 있습니다. 출애굽기 안에 계시된 하나님의 인격적인 사랑을 발견하면서, 그 안에서 결혼 언약의 달콤함을 맛볼 수 있습니다.

해석의 열쇠: 예레미야 31장 32절

성경은 성경으로 해석합니다. 이것은 개혁주의 전통에서 성경을 해석하는 대표적인 원리입니다. 우리는 출애굽기를 해석하는 원리를 예레미야 31장 32절에서 발견할 수 있습니다. 하나님께서 예레미야 선지자를 통해 새 언약 시대를 예고하신 대표적인 본문입니다. 가까운 미래에 하나님은 자기 백성과 더불어 새 언약을 체결하실 것인데 이것은 옛 언약과 다를 것이라고 말씀합니다.

> (렘 31:32) 이 언약은 내가 그들의 조상들의 손을 잡고 애굽 땅에서 인도하여 내던 날에 맺은 것과 같지 아니할 것은 내가 그들의 남편이 되었어도 그들이 내 언약을 깨뜨렸음이라

출애굽의 역사적인 날, 하나님은 이스라엘 백성과 언약을 맺으셨습니다. 그 언약의 결과, 하나님은 그들의 남편이 되었다고 합니다. 이것은 이스라엘이 하나님의 아내가 되었다는 사실을 말해주는 것입니다. 그렇다면 이 언약의 성격은 혼인언약이라고 해석할 수 있습니다. 이처럼 출애굽의 역사를 결혼 언약의 관점으로 해석하신 당사자는 바로 하나님 자신입니다. 우리 역시 동일한 관점에서 출애굽기를 조명해 보겠습니다.

출애굽의 경로를 기록한 지도를 살펴보면 흥미로운 사실이 발견됩니다. 하나님은 모세를 통해 홍해를

건넌 출애굽 공동체를 아라비아 반도 남쪽으로 인도하십니다. 시내산 앞에 집결한 이스라엘은 하나님으로부터 십계명을 받게 됩니다. 이스라엘은 이 특정한 장소에 특정한 목적을 가지고 모인 것입니다. 시내산에서 하나님은 이스라엘과 더불어 혼인 예식을 치르십니다. 단순한 비유적 표현이 아닙니다. 실제로 결혼 예식을 행하셨다는 의미입니다.

혼인 예식은 우리 모두에게 낯선 것이 아닙니다. 우리의 일상적인 삶 속에서 누구나 경험할 수 있는 정겨운 예식입니다. 이런 사실을 고려할 때, 결혼 언약으로 출애굽기를 읽을 수 있다는 것은 우리로 하여금 출애굽기 텍스트에 좀 더 가깝게 다가가도록 독려합니다. 오늘날 우리가 경험할 수 있는 결혼식과 출애굽기의 내용을 비교해 보았습니다. 놀랍게도 적지 않은 부분에서 비슷한 점이 발견됩니다.

1) 신랑의 청혼

보통의 경우, 남녀가 만나서 교제할 때, 남자들이 먼저 청혼을 하지요. 좀 유치하게 보일 수는 있지만, 남자들은 청혼하고 싶은 여자에게 재산을 자랑하거나, 은근히 지식을 뽐내는 등 자신의 능력을 과시하는 경향이 있습니다. 흥미롭게도 하나님께서 예비 신부인 이스라엘에게 프러포즈를 하실 때에도 하나님이 가지신 매력을 한껏 발산하셨습니다. 이스라엘을 시내산 주변에 모으신 후, 하나님은 모세를 시내산 꼭대기로 부르십니다. 이제 모세는 하나님과 이스라엘의 혼인을 성사시키는 중매자 역할을 감당합니다. 다음은 하나님께서 모세에게 하신 말씀입니다.

(출 19:3~6) 모세가 하나님 앞에 올라가니 여호와께서 산에서 그를 불러 말씀하시되 너는 이같이 야곱의 집에 말하고 이스라엘 자손들에게 말하라 내가 애굽 사람에게 어떻게 행하였음과 내가 어떻게 독수리 날개로 너희를 업어 내게로 인도하였음을 너희가 보았느니라 세계가 다 내게 속하였나니 너희가 내 말을 잘 듣고 내 언약을 지키면 너희는 모든 민족 중에서 내 소유가 되겠고 너희가 내게 대하여 제사장 나라가 되며 거룩한 백성이 되리라 너는 이 말을 이스라엘 자손에게 전할지니라

무엇보다 인상적인 것은 하나님께서 출애굽의 역사를 굉장히 아름답고 시적으로 표현하셨다는 사실입니다. "내가 어떻게 독수리 날개로 너희를 업어 내게로 인도하였음을 너희가 보았느니라." 이것은 비유적인 표현입니다. 심지어는 다소 과장법을 사용하셨다는 느낌마저 듭니다. 하나님은 엄청난 세기의 바람을 사용하여 홍해를 가르셨습니다. 이스라엘은 거친 바다 밑을 바람을 헤치며 걸었습니다. 이 역사적인 현장은 위대했지만 그리 낭만적이지만은 아니었을 것입니다. 바로의 군대를 뒤로하고 급박하게 바다 아래를 걸었으니까요. 그럼에도 본문은 "독수리 날개로 너희를 업어 내게로 인도"하였다고 말씀합니다. 이것은 하나님께서 자신을 매력적인 존재로 계시하고자 원하신다는 의도를 드러내시는 것입니다.

이러한 표현 못지않게 흥미로운 것은 하나님께서 자신의 소유를 자랑하시는 대목입니다. 하나님은 "세계가 다 내게 속하였나니"라고 말씀합니다. 전 세계가 모두 하나의 것이라는 의미입니다. 이것이 예비 신부에게 의미하는 바는 무엇일까요? 예, 하나님의 신부가 되면, 하나님의 모든 재산을 함께 향유할 수 있다는 것이지요. 사실 이것은 놀라운 제안입니다. 고대 근동의 관습에 따르면, 어떤 노예를 위해 누군가 대가를 치르고 데리고 나오면, 그 노예는 자동적으로 값을 지불한 자의 소유가 됩니다. 하나님은 이스라엘 백성을 노예 상태로부터 해방시키신 후에 그들을 하나님의 노에로 삼길 원하지 않으셨습니다. 오히려 그들을 신부로 삼길 원하셨습니다. 그래서 모세를 따로 부르시고 이렇게 말씀하신 것입니다.

2) 모세의 중매

산꼭대기에서 하나님은 모세에게 말씀을 하신 후에 "너는 이 말을 이스라엘 자손에게 전할지니라."라고 요구하십니다. 하나님의 청혼 사실과 구체적인 내용을 예비 신부에게 있는 그대로 전달하라는 명령입니다. 모세는 이 소식을 듣고 산 아래로 내려와 백성의 대표들을 소집합니다. 오늘날의 언어로 표현하자면 일종의 국회를 소집한 셈입니다. 그리고 하나님의 청혼을 전달합니다.

> (출 19:7) 모세가 내려와서 백성의 장로들을 불러 여

호와께서 자기에게 명령하신 그 모든 말씀을 그들 앞에 진술하니

3) 신부의 승낙

이스라엘 백성의 반응은 어땠을까요? 성경은 그들이 만장일치로 하나님의 뜻을 수용했다고 기록합니다.

> (출 19:8) 백성이 일제히 응답하여 이르되 여호와께서 명령하신대로 우리가 다 행하리이다 모세가 백성의 말을 여호와께 전하매

저는 이 장면을 읽을 때마다 신부의 의사를 물으시고 동의를 구하시는 하나님의 모습을 생각합니다. 아이들이 어릴 때 함께 보았던 "타잔"이라는 애니메이션이 있습니다. 마지막 장면에서 여자 주인공 제인은 아버지를 모시고 영국으로 돌아가려고 함께 배를 탑니다. 사실 제인의 마음은 이미 타잔에게 빼앗긴 상태입니다. 딸의 마음을 알아챈 아버지가 말합니다. "제인, 너는 이곳에 남으렴." 딸은 아버지의 설득을 수용하고 결심을 굳힙니다. 이내 타잔이 있는 육지를 향

해 바다 위로 몸을 던집니다.

　그런데 이 장면에 얽힌 뒷이야기가 있습니다. 감독판 DVD에 소개된 내용입니다. 이 만화 영화가 처음 만들어졌을 때, 마지막 장면은 지금과 달랐다고 합니다. 타잔과 아버지 사이에서 주저하는 딸을 아버지는 바다로 밀쳐 빠뜨립니다. 제인을 타잔 곁에 두고 아버지 홀로 영국으로 돌아가려는 것이 원래의 스토리였답니다. 그런데 영화가 완성되고 세계 시장으로 배급되기 직전에 디즈니 스텝 중의 한 사람이 이의를 제기했습니다. 제인이 아버지에 의해 등 떠밀려 타잔 곁에 남는 장면이 아이들에게 자칫 왜곡된 결혼관을 심어줄 수 있다는 것이었습니다. 문제는 이 단계에서 애니메이션을 다시 수정하는 것은 적지 않은 경제적 손실을 초래하는 일이었다고 합니다. 고민 끝에 모든 스텝의 의사를 투표로 묻기로 했습니다. 뜻밖에도 경제적 손실을 감수하더라도 작품을 수정하자는 의견이 더욱 많았습니다. 그 결과 오늘 우리가 보는 장면으로 수정되었다고 합니다. 자본의 논리가 지배하는 영화사에서 이윤보다는 가치를 위한 선택을 했다는 사실을 들을 때 기분이 좋아졌습니다.

다시 본문으로 돌아오겠습니다. 결국 포인트는 자발적 동의와 선택이 중요하다는 사실입니다. 하나님께서도 예비 신부의 동의와 선택을 구하셨다는 사실을 명심할 필요가 있습니다.

4) 신부의 성결의식

모세는 이스라엘 백성의 하나님의 프러포즈를 수용했다는 소식을 주님께 전합니다. 하나님께서는 삼 일 후에 결혼 예식을 치르겠다고 말씀 합니다. 그 때까지 예비 신부는 특별한 준비 의식을 합니다.

> (출 19:10-11) 여호와께서 모세에게 이르시되 너는 백성에게로 가서 오늘과 내일 그들을 성결하게 하며 그들에게 옷을 빨게 하고 준비하게 하여 셋째 날을 기다리게 하라 이는 셋째 날에 나 여호와가 온 백성의 목전에서 시내 산에 강림할 것임이니

바로 신부의 성결의식입니다. 흥미롭게도 예비 신부의 성결 예식은 "미크베"라는 이름으로 오늘날까지 남아 있습니다. 유대인들이 전통예식을 행할 때, 회당

안에 있는 욕조에 들어가 몸을 정결하게 하는 예식입니다. 물론 본문에서 이스라엘 백성들은 목욕 대신에 옷을 빨고 준비합니다. 아마도 광야의 환경을 고려한 조치인 것으로 생각됩니다.

5) 결혼예식

드디어 약속된 날이 다가왔습니다. 성경은 이 날의 혼인 예식을 자세하게 묘사합니다.

> (출 19:16~20) 셋째 날 아침에 우레와 번개와 빽빽한 구름이 산 위에 있고 나팔 소리가 매우 크게 들리니… 모세가 하나님을 맞으려고 백성을 거느리고 진에서 나오매… 시내 산에.. 여호와께서 불 가운데서 거기 강림하심이라… 온 산이 크게 진동하며 여호와께서 시내 산 곧 그 산 꼭대기에 강림하시고 모세를 그리로 부르시니 모세가 올라가매

#1. 신랑입장 보통의 경우 오늘날의 결혼식에서 신랑이 먼저 입장을 합니다. 하나님도 혼인예식에 먼저 강림하셨습니다. "시내 산에 연기가 자욱하

니 여호와께서 불 가운데서 거기 강림하심이라." 신랑이 입장할 때, 씩씩한 음악이 동반됩니다. 하나님의 경우 산을 진동시킬 만한 나팔 소리가 울려 퍼졌습니다. "온 산이 크게 진동하며 나팔 소리가 점점 커질 때" 아울러 신랑이 등장하는 무대에는 "빽빽한 구름"과 화려한 "번개" 조명이 모든 이들의 주목을 끌었습니다.

#2. 신부입장 신랑 입장에 이어 신부가 무대에 등장합니다. 주목할 만한 사실은 신부를 대표하여 모세 한 사람이 신랑 앞으로 올라갔다는 사실입니다.

(출 19:20) 여호와께서 시내 산 곧 그 산 꼭대기에 강림하시고 모세를 그리로 부르시니 모세가 올라가매

#3. 십계명 모세가 하나님 앞으로 올라가 받은 것이 바로 십계명입니다. 출애굽기 19장에서 혼인예식이 시작되었는데 바로 그 다음 20장에서 십계명이 등장하는 것입니다. 결혼 예식 중에 이스라엘 백성이 십계명을 받았다는 사실은 혼인 서약으로

서의 십계명의 성격을 잘 드러내줍니다. 오늘날 결혼 예식에서도 핵심적인 순서가 바로 서약식입니다. 하나님과 사람 앞에서 배우자만을 사랑하기로 서약하는 것입니다. 결혼만큼은 "오로지 당신(only you)"이라는 사랑의 고백에 기초해야 합니다. 하나님께서는 이미 이스라엘이 하나님께 특별한 존재가 될 것이라고 언약하셨습니다(출 19:5-6). 이제 신부의 서약이 이루어질 순서입니다. "오직 하나님, 당신만을 사랑하겠습니다." 이것이 서약의 핵심입니다. 십계명의 처음 두 조항이 바로 이 내용을 표현하고 있습니다. "혹시 지금까지는 내가 이집트의 다른 신들을 섬긴 경험이 있다할지라도 더 이상은 아닙니다. 이제부터는 완전히 새로운 삶을 시작할 것입니다. 과거의 다른 모든 우상들을 버리고 이제는 오로지 하나님만을 섬기며 사랑하겠습니다." 이것이 바로 혼인서약으로서의 십계명이 갖는 의미인 것입니다.

신부의 혼인서약 이후에 등장하는 순서들 역시 오늘날의 결혼식 순서와 매우 유사합니다. 오늘날의 언어로 표현하자면 다음과 같습니다.

#4. 성혼 선포 (출 24:7-8)

(출 24:7) 언약서를 가져다가 백성에게 낭독하여 듣게 하니 그들이 이르되 여호와의 모든 말씀을 우리가 준행하리이다 모세가 그 피를 가지고 백성에게 뿌리며 이르되 이는 여호와께서 이 모든 말씀에 대하여 너희와 세우신 언약의 피니라

#5. 피로연 (출 24:9-11)

(출 24:9-11) 모세와 아론과 나답과 아비후와 이스라엘 장로 칠십 인이 올라가서 이스라엘의 하나님을 보니 그의 발 아래에는 청옥을 편 듯하고 하늘 같이 청명하더라 하나님이 이스라엘 자손들의 존귀한 자들에게 손을 대지 아니하셨고 그들은 하나님을 뵙고 먹고 마셨더라

#4. 기념촬영: 증거의 "돌판" (출 24:12)

(출 24:12) 여호와께서 모세에게 이르시되 너는 산에 올라 내게로 와서 거기 있으라 네가 그들을 가르치도록

내가 율법과 계명을 친히 기록한 돌판을 네게 주리라

흥미롭게도 결혼 예식에 등장하는 대부분의 요소가 본문에 다 있습니다. 그런데 한 가지는 예외적인 것이 있습니다. 하나님께서는 결혼식 중간에 소를 잡아서 그 피를 가지고 피 뿌림의 예식을 통해 신부를 정결케 하십니다. 본문은 이 피를 가리켜 "언약의 피"라고 말합니다.

(출 24:8) 모세가 그 피를 가지고 백성에게 뿌리며 이르되 이는 여호와께서 이 모든 말씀에 대하여 너희와 세우신 언약의 피니라

이것이 바로 "옛 언약의 피"입니다. 주지하다시피 예수님은 십자가를 지시기 전 날, 제자들과 더불어 유월절 식사를 하시던 중에 성만찬 예식을 제정하십니다. 이 때, "이 잔은 내 피로 세우는 새 언약"(눅 22:20)이라고 말씀하셨습니다. 아마도 이 때, 예수님은 출애굽기 24장 8절에 나오는 "언약의 피"를 염두에 두시고 "새 언약"을 말씀하셨을 것입니다. 출애굽기에서는 소의 피로 언약을 맺었지만, 이제는 예수님의 피로

새 언약을 제정하신 것입니다.

다음으로 우리가 주목할 내용은 바로 피로연에 해당하는 장면입니다. 언약의 피 뿌림의 예식을 거행한 후에 모세는 이스라엘 백성의 대표들을 모두 산으로 데리고 올라갑니다. 놀랍게도 산꼭대기에 멋진 피로연장이 마련되었습니다. 더욱 놀라운 일이 벌어집니다. 이들은 하나님을 보았습니다. 한 걸음 더 나아가 하나님을 보면서 먹고 마십니다.

이들은 누구든지 하나님을 직접 대면하여 보면 죽는다는 사실을 알고 있었을 것입니다. 하지면 여기서는 예외입니다. 더욱 흥미로운 사실은 이 장면을 기록한 출애굽기 24장의 하나님 모습과 19장의 하나님 모습이 사뭇 다르다는 것입니다. 출애굽기 19장에서 하나님은 불 가운데 강림하셨습니다. 그리고 이스라엘이 가까이 다가오는 것을 원천 봉쇄하셨습니다. 가까이 나아오는 자를 죽이시겠다고 위협하십니다. 그 의미는 분명합니다. 죄인인 인간이 중보자 없이 거룩하신 하나님께 가까이 나아올 수 없다는 것입니다.

그런데 출애굽기 24장의 하나님은 태도가 바뀌었습니다. 모세와 아론과 나답과 아비후, 그리고 장로 70인을 모두 초청해서 함께 식탁 교제를 나누십니다. 혹자는 이를 두고 소위 "문서설"을 주장하기도 합니다. 출애굽기 19장과 24장은 각기 다른 전통에 속하는 문서였는데, 후일 편집자에 의해 하나로 문서로 편집되었다는 가설이지요. 그런데 이것은 본문을 제대로 읽지 않은 채 근거 없이 함부로 말하는 잘못된 주장입니다. 정말로 하나님의 태도가 바뀐 것이라면, 그 이유를 본문 안에서 찾아보아야 할 것입니다. 바로 그 단서가 "언약의 피"입니다. 언약의 피 뿌림의 예식을 한 후에, 하나님께서는 비로소 하나님의 백성을 가까이 하십니다. "언약의 피"는 무엇을 가리키고 있습니까? 예, 바로 예수 그리스도의 십자가를 가리키는 것입니다. 그리스도의 속죄 사역으로 택한 백성의 죄를 깨끗이 씻기신 후에 하나님과 하나님 백성의 친밀한 교제가 가능해진 사실을 보여주는 것입니다.

6) 성막

지금까지는 결혼예식에 관한 내용을 다루었습니다.

출애굽기 24장부터 40장까지의 주제는 성막입니다. 이제 결혼예식을 통해 신랑과 신부가 탄생했습니다. 이제 신랑과 신부가 함께 동거할 집이 필요합니다. 하나님과 이스라엘이 부부가 되었음을 선포한 이후, 곧바로 등장하는 것이 성막의 설계와 건립입니다. 결혼언약이라는 시각에서 출애굽기를 조명할 때, 성막은 곧 신랑 신부가 동거하는 신혼집임을 알 수 있습니다.

요약하자면, 출애굽기는 하나님께서 예비 신부인 이스라엘을 이집트로부터 해방시키신 후에, 프러포즈를 하시고, 예비 신부의 승낙을 받은 후에, 멋진 혼인예식을 치르셨으며, 마지막으로는 신랑과 신부가 함께 행복하게 살 집을 마련하는 스토리입니다. 처음부터 끝까지 핑크빛 사랑 이야기입니다. 아름다운 스토리입니다.

이스라엘의 범죄와 모세의 중보

그런데 이스라엘이 죄를 범하면서 이 아름다운 이야기는 일순간에 파국으로 치닫게 됩니다. 거의 막장 드라마 수준의 혼돈이 연출되지요. 결혼언약의 관점에서 보았을 때, 이스라엘 백성이 금송아지를 만들고 그것을 예배한 행위는 혼인서약을 스스로 파기한 행위입니다. 이를테면 혼인예식을 올리자마자 옛 연인을 만나 바람을 피운 셈입니다. 그 배경은 이렇습니다. 출애굽기 24장에서 피로연이 끝나자 하나님은 모세를 산 위의 구름 속으로 부르십니다. 그곳에서 율법을 기록한 돌판을 마련하시고, 성막의 청사진을 보여주시며, 안식일 규례 등을 지시하십니다. 한편 모세가 40일을 지나도록 내려오지 않으니, 이스라엘 백성들 사이에 동요가 일어납니다. 마침내 이스라엘 백성들은 금송아지를 만들고 그 우상을 음란하게 섬겼습니다. 이 때 하나님은 크게 진노하십니다. 신랑의 진노로 노를 발하십니다. 급기야 하나님은 이스라엘 백성을 모두 진멸하겠다고 모세에게 말씀하십니다. 진노하시는 하나님 앞에 모세는 엎드립니다. 그리고 이스라엘 백성의 죄를 용서해 달라고 중보기도를 드립니다. 성경을 자세히 읽어보면 모세의 중보는 모두 세 차례에 걸쳐 진행됩니다, 각 단계에 깊은 의미가 숨겨져 있습니다.

(1) 모세의 일 차 중보 (출 32:7~14)

여호와께서 모세에게 이르시되 너는 내려가라 네가 애굽 땅에서 인도하여 낸 네 백성이 부패하였도다... 그런즉 내가 하는 대로 두라 내가 그들에게 진노하여 그들을 진멸하고 너를 큰 나라가 되게 하리라. 모세가 그의 하나님 여호와께 구하여 이르되 여호와여 어찌하여 그 큰 권능과 강한 손으로 애굽 땅에서 인도하여 내신 주의 백성에게 진노하시나이까? 어찌하여 애굽 사람들이 이르기를 여호와가 자기의 백성을 산에서 죽이고 지면에서 진멸하려는 악한 의도로 인도해 내었다고 말하게 하시려 하나이까? 주의 맹렬한 노를 그치시고 뜻을 돌이키사 주의 백성에게 이 화를 내리지 마옵소서 주의 종 아브라함과 이삭과 이스라엘을 기억하소서 주께서 그들을 위하여 주를 가리켜 맹세하여 이르시기를 내가 너희의 자손을 하늘의 별처럼 많게 하고 내가 허락한 이 온 땅을 너희의 자손에게 주어 영원한 기업이 되게 하리라 하셨나이다. 여호와께서 뜻을 돌이키사 말씀하신 화를 그 백성에게 내리지 아니하시니라 이스라엘 백성을 진멸하겠다는 하나님의 심판 선언 앞에서 모세는 당황합니다. 사실 모세는 아직 산 아래에서의 상황을 제대로 파악조차 못한 상태였습니다. 심판을 선언하시면서 하나님은 모세에게 영광스러운 제안을 하십니다. "그들을 진멸하고 너를 큰 나라가 되게 하리라." 모세를 제2의 아브라함으로 삼아 새 역사를 쓰시겠다는 선언입니다. 모세의 입장에서는 황송한 제안이라고 말할 수도 있겠습니다. 그러나 모세는 자신의 영광을 생각하지 않습니다. 모든 시선을 이스라엘 백성에게로 돌리고 그들의 편에 서서 담대하게 중보 기도를 드립니다. 모세의 중보는 두 가지에 기초하고 있습니다. 첫째는 하나님의 명예가 훼손되어서는 안 된다는 사실을 지적합니다. 커다란 이적과 기사를 통해 이스라엘 백성을 탈출시킨 후에, 하나님은 자기 백성을 일 순간에 모두 죽여 버린다면, 이집트인들이 하나님을 어떻게 생각하겠냐고 모세는 묻습니다. 하나님을 가리켜 악한 신이라고 말하지 않겠냐는 것이지요. 둘째, 모세는 하나님의 언약을 언급합니다. 일찍이 아브라함과 이삭과 야곱에게 하신 언약을 생각하고 그 언약을 신실하게 성취해 달라고 간구합니다.

모세가 중보의 기도를 마치자, 하나님은 마치 모세의 신앙적인 논리에 설득된 듯, 이스라엘을 진멸하시겠다는 심판의 계획을 중지하십니다. 흥미로운 것은 산 아래 있던 이스라엘 백성은 이러한 대화를 알지도 못했다는 것입니다. 자신들의 진멸을 면하고 호흡을 유지할 수 있는 것이 모세의 중보로 말미암아 가능케 되었다는 사실을 몰랐다는 것이지요. 이것은 범우주적인 의미를 갖습니다. 오늘날, 세계의 인류가 지구 위에서 하루 하루 살아가는 것은 사실 하나님의 은혜로 말미암는 것입니다. 하나님께서는 지금이라도 죄악 많은 세상을 심판하여 진멸시킬 수도 있는 분입니다. 그러나 지구가 이 순간도 평화롭게 돌아가는 것은 넓은 의미에서 일반 은총에 의한 것이라고 말할 수도 있습니다. 이 역시 그리스도의 중보 때문이라고 말할 수 있습니다.

(2) 모세의 이 차 중보: 생명책 중보(출 32: 19~34)

> 진에 가까이 이르러 그 송아지와 그 춤 추는 것들을 보고 크게 노하여 손에서 그 판들을 산 아래로 던져 깨뜨리니라 모세가 그들이 만든 송아지를 가져다가

불살라 부수어 가루를 만들어 물에 뿌려 이스라엘 자손에게 마시게 하니라 레위 자손이 모세의 말대로 행하매 이 날에 백성 중에 삼천 명 가량이 죽임을 당하니라 이튿날 모세가 백성에게 이르되 너희가 큰 죄를 범하였도다 내가 이제 여호와께로 올라가노니 혹 너희를 위하여 속죄가 될까 하노라 하고 모세가 여호와께로 다시 나아가 여짜오되 슬프도소이다 이 백성이 자기들을 위하여 금 신을 만들었사오니 큰 죄를 범하였나이다 그러나 이제 그들의 죄를 사하시옵소서 그렇지 아니하시오면 원하건대 주께서 기록하신 책에서 내 이름을 지워 버려 주옵소서 여호와께서 모세에게 이르시되 누구든지 내게 범죄하면 내가 내 책에서 그를 지워 버리리라 이제 가서 내가 네게 말한 곳으로 백성을 인도하라 내 사자가 네 앞서 가리라 그러나 내가 보응할 날에는 그들의 죄를 보응하리라

산에서 내려온 모세는 범죄 현장을 목격합니다. 모세는 십계명을 던져 깨뜨립니다. 이것은 혼인관계가 사실상 파괴되었음을 의미합니다. 곧 이어 유명한 모세의 생명책 중보 사건이 기록되어 있습니다. 모세는 생명책에서 자기의 이름을 삭제해달라고 말하면

서 이스라엘의 죄를 용서해 달라고 간구합니다. "이제 가라, 내 사자가 앞서 가리라." 하나님은 모세의 중보기도를 받아주십니다. 어떤 면에서 보면, 너무나 간단하게 용서하신 것 같다는 느낌이 들 정도입니다.

성경은 이 시점에서 한 가지 특이한 장면을 기록합니다. 아마도 이것이 하나님께서 베푸신 용서와 특별한 관계가 있는 듯이 보입니다. 그것은 금송아지 우상을 불에 태우고 가루로 만들어 물의 상류에 뿌려 백성들로 하여금 그 물을 마시게 하신 사건입니다. 후일에 모세는 이 날의 사건을 회상하면서 이 장면을 보다 상세하게 묘사합니다.

(신 9:21) 너희가 만든 송아지를 가져다가 불살라 찧고 티끌 같이 가늘게 갈아 그 가루를 산에서 흘러내리는 시내에 뿌렸느니라

주지하다시피, 모세는 금송아지 우상을 곱게 갈린 가루로 만들기까지 몇 단계의 과정을 밟은 것으로 기록합니다. 금은 아주 미세한 먼지와 같은 가루 형태로 변할 수 있다고 합니다. 네덜란드에 의사 출신의 목회

자 드 한(DeHaan) 박사는 호기심을 가지고 실험을 했습니다. 성경의 기록대로 금덩어리를 가루형태로 만들어 물에 뿌렸더니, 순간 물의 색깔이 적포도주 색깔로 변했다고 합니다. 드 한 박사는 이것이야말로 그리스도의 보혈을 가리키는 표적이라고 확신했습니다. 그리고 그의 저서『피의 화학』(The Chemistry of Blood, 1984)에서 이 내용을 자세하게 기록했습니다. 얼마 전 드 한 박사의 실험을 서강대학교 화공생명공학과 교수님께 소개한 적이 있습니다. 교수님은 유명한 학술지에 실린 외국 논문 한 편을 저에게 보여주셨습니다. 실제로 금은 고운 입자 형태로 작아질수록 점차 색깔이 변하는 것을 실험한 연구결과였습니다. 어느 정도 작아지면 정말 적포도주 색깔로 변합니다. 더욱 작게 갈면 금 입자는 완전히 빨간 색으로 변하게 됩니다. 이 논문을 소개해 주신 교수님도 성경 본문을 다시 읽으며 큰 은혜를 받았다고 말씀했습니다. 정말 흥미롭습니다.

(3) 모세의 삼 차 중보 (출 33:1-14)

모세의 중보기도는 여기에서 그치지 않았습니다. 출

애굽기 33장 1-3절에서 하나님은 뜻밖의 선언을 하십니다. 이제 하나님은 아브라함에게 하신 약속을 지키시겠다고 합니다. 하나님의 사자를 앞서 보내어 가나안 땅을 정복하고 이스라엘을 약속의 땅으로 인도하여 들이시겠다고 합니다. 정말 은혜로운 말씀입니다. 그런데 문제가 있습니다. 단 하나님은 이스라엘 백성과 더불어 약속의 땅으로 올라가는 길에 동행하지 않겠다고 하십니다.

(출 33:1-3) 여호와께서 모세에게 이르시되 너는 네가 애굽 땅에서 인도하여 낸 백성과 함께 여기를 떠나서 내가 아브라함과 이삭과 야곱에게 맹세하여 네 자손에게 주기로 한 그 땅으로 올라가라. 내가 사자를 너보다 앞서 보내어 가나안 사람과 아모리 사람과 헷 사람과 브리스 사람과 히위 사람과 여부스 사람을 쫓아내고 너희를 젖과 꿀이 흐르는 땅에 이르게 하려니와 나는 너희와 함께 올라가지 아니하리니 너희는 목이 곧은 백성인즉 내가 길에서 너희를 진멸할까 염려함이니라 하시니

하나님께서 이스라엘과의 동행을 거부하는 이유

를 주목할 만합니다. 이스라엘은 "목이 곧은 백성인 즉" 하나님 자신이 그들을 진멸할 것을 염려하여 동행할 수 없다고 말씀합니다. 모세 오경에서 이스라엘을 가리켜 "목이 곧은 백성"이라는 표현이 등장할 때는 주로 이스라엘의 범죄와 회개를 거부하는 상태를 가리킵니다. 하나님은 참 회개를 거부한 이스라엘은 언제라도 오늘과 같은 범죄를 범할 수 있다는 사실을 지적하신 것입니다. 또 다시 이스라엘이 하나님을 버리고 우상을 섬기는 죄를 범할 경우, 하나님은 즉각적으로 그들의 죄를 심판하여 진멸할 수 있다는 것이지요.

이제 모세는 크게 긴장합니다. 하나님과의 동행이 보장되지 않는다면 한 걸음도 뗄 수 없다는 입장을 취합니다. 이번에는 홀로 하나님께 나아가지 않습니다. 모세는 이스라엘 백성과 함께 슬퍼하며 하나님께 기도합니다. 백성들은 한 사람의 예외 없이 모두 슬퍼하며 자신의 몸에서 모든 장신구를 떼었다고 기록합니다.

(출 33:12-14) 모세가 여호와께 아뢰되 보시옵소서 주께서 내게 이 백성을 인도하여 올라가라 하시면서 나와 함께 보낼 자를 내게 지시하지 아니하시나이다 주

께서 전에 말씀하시기를 나는 이름으로도 너를 알고 너도 내 앞에 은총을 입었다 하셨사온즉 내가 참으로 주의 목전에 은총을 입었사오면 원하건대 주의 길을 내게 보이사 내게 주를 알리시고 나로 주의 목전에 은총을 입게 하시며 이 족속을 주의 백성으로 여기소서. 여호와께서 이르시되 내가 친히 가리라 내가 너를 쉬게 하리라

모세의 입장은 충분히 이해할 만합니다. 아무리 좋은 환경과 좋은 신혼집이 마련되었어도, 그곳에 신랑 없이 신부 홀로 살라고 한다면, 어느 누가 행복하다고 생각하겠습니까? 신랑과의 동행이 없는 한, 결혼은 이미 무의미해 지는 것이지요. 이제 모세는 모든 백성과 더불어 하나님께 매달립니다. 이윽고 하나님께서 반응하십니다. 이번에도 모세의 중보를 수용하십니다. 그 결과 "내가 친히 가리라. 내가 너를 쉬게 하리라." 라고 말씀하십니다.

모세의 세 번째 중보는 우리에게 매우 뜻 깊은 의미를 던져 줍니다. 우리 모두는 유일한 중보자 예수 그리스도로 말미암아 구원을 받고 하나님의 자녀가

되었다는 사실을 잘 알고 있습니다. 그런데 우리는 구원을 얻은 신자에게 그리스도의 중보가 지속적으로 필요하다는 사실에 대해서는 크게 생각하지 않는 것 같습니다. 성경은 모든 신자가 하나님의 성전이고 하나님의 거룩하신 성령이 우리 안에 거하신다고 말씀합니다(고전 3:16). 이것은 사실입니다. 신자는 성령 하나님과 더불어 늘 동행합니다. 그러나 이러한 동행이 결코 쉽게 이루어진 것이 아닙니다. 하나님은 여전히 크고 작은 죄의 유혹에 넘어지고, 실제로 죄를 범하며 살아가는 자기 백성과 동거동락하시기에는 너무나 거룩하신 분입니다. 비록 거듭난 천국백성이 되었지만, 성령께서 우리 안에 내주하시기에는 우리 마음속이 너무나 지저분하고 성결하지 못합니다. 따라서 그리스도의 지속적인 중보가 필요한 것입니다. 하나님과 우리 사이에 그리스도가 계심으로 인해 우리는 하나님과의 교제를 보장받을 수 있게 되었습니다. 그리스도의 중보가 있기 때문에 우리는 범죄할 때마다 회개할 수 있는 은혜를 누릴 수 있는 것입니다.

회복: 십계명과 언약 그리고 성막

이렇게 세 차례에 걸친 모세의 중보와 하나님께서 응답하시는 내용이 출애굽기 33장까지 기록되어 있습니다. 이어지는 장들에서는 하나님과 이스라엘의 관계가 회복되었음을 증거하는 내용이 기록되어 있습니다. 하나님은 십계명을 이스라엘에게 다시 주십니다. 또한 온 이스라엘 백성은 자발적인 마음으로 성막을 만드는 과정에 참여합니다. 한 가지 흥미로운 것은 이스라엘과 더불어 언약을 새롭게 제정하시면서 이스라엘 백성에게 당부하시는 말씀입니다.

> (출 34:12-17) 너는 스스로 삼가 네가 들어가는 땅의 주민과 언약을 세우지 말라 그것이 너희에게 올무가 될까 하노라. 너희는 도리어 그들의 제단들을 헐고 그들의 주상을 깨뜨리고 그들의 아세라 상을 찍을지어다. 너는 다른 신에게 절하지 말라 여호와는 질투라 이름하는 질투의 하나님임이니라. 너는 삼가 그 땅의 주민과 언약을 세우지 말지니 이는 그들이 모든 신을 음란하게 섬기며 그들의 신들에게 제물을 드리고 너를 청하면 네가 그 제물을 먹을까 함이며 또 네가 그

들의 딸들을 네 아들들의 아내로 삼음으로 그들의 딸들이 그들의 신들을 음란하게 섬기며 네 아들에게 그들의 신들을 음란하게 섬기게 할까 함이니라. 너는 신상들을 부어 만들지 말지니라

하나님의 의도를 한 마디로 요약하면 신부 이스라엘의 순결 서약을 강화하신 것입니다. 주지하다시피 하나님은 모세의 중보로 말미암아 신부가 과거에 행한 허물을 덮어 주셨습니다. 그런데 이제 신랑은 앞으로의 일을 염려하시는 것입니다. 가나안 땅에 들어가면, 이스라엘은 이집트에서 경험했던 우상들보다 더욱 매력적인 우상들을 만나게 될 것입니다. 신부의 마음이 또 다시 유혹을 받아 가나안의 우상들에게 빼앗길까 하여 신랑은 순결서약을 새롭게 강조하시는 것입니다. 그들과 더불어 절대로 언약을 맺지 말라고 당부하십니다. 이미 하나님과 더불어 혼인 언약을 맺은 신부는 더 이상 다른 신에게 몸과 마음을 주는 언약을 맺어서는 안 된다는 사실을 확인하신 것입니다. 가장 기초적인 윤리를 말씀하신 것입니다. 아울러 하나님은 사랑에 관한한 매우 질투심이 많은 신랑이라는 사실을 신부의 마음 속 깊이 각인시켜 주십니다. 정말

그렇습니다. 하나님은 당신의 신부가 하나님 아닌 다른 피조물에 마음이 빼앗기는 것을 도저히 참지 못하십니다. 그 만큼 뜨거운 사랑으로 당신의 신부를 사랑하시는 것입니다.

이제부터 출애굽기의 마지막 부분에 이르기까지의 중심 주제는 성막 건축입니다. 성막은 신랑이 신부와 더불어 동거할 신혼집입니다. 만일 새신랑이 신혼집 살림살이에 지나치게 까다롭게 굴면 신부입장에서는 다소 부담스럽게 느낄지 모르겠습니다. 흥미롭게도 하나님은 까다로운 것 이상이었습니다. 성막의 크기와 재질 가구에 해당하는 온갖 기구들의 존재와 재질, 모양, 그리고 배치에 이르기까지 하나님의 세심한 손길이 기록되어 있습니다. 하나님께서 이토록 정성을 들이시는 이유는 분명합니다. 성막의 모든 것이 앞으로 오실 메시아와 그의 구속사역을 예표하기 때문입니다.

출애굽기 40장에 이르면 성막이 완성되고 하나님께서 임재하시는 장면이 아름답게 묘사됩니다. 신랑과 신부가 합방하는 장면입니다.

(출 40:34) 구름이 회막에 덮이고 여호와의 영광이 성막에 충만하매 모세가 회막에 들어갈 수 없었으니 이는 구름이 회막 위에 덮이고 여호와의 영광이 성막에 충만함이었으며

흥미로운 것은 하나님께서 임재하시는 모습이 출애굽기 19장의 모습과 다르다는 것입니다. 결혼식에 신랑이 입장할 때는 크게 울리는 나팔소리 속에서 번개와 불이 동원되었습니다. 이제 출애굽기 40장에서 하나님은 빽빽한 구름가운데 임재하십니다. 구름은 부드럽습니다. 구름은 또한 시야를 가리기 때문에 은밀한 성격을 드러냅니다. 요컨대 구름을 통해 신랑의 임재를 표현한 것은 결혼 언약으로 읽는 출애굽기의 절정을 묘사하기에 아주 잘 어울린다고 말할 수 있습니다.

이제 정말 마지막에 이르렀습니다. 신랑과 신부의 합방이 이루어진 후, 구름이 성막 위에 떠오릅니다. 구름의 움직임과 더불어 신부는 하나님과의 동행을 시작합니다. 최종 목적지는 약속의 땅입니다. 혼인 예식을 치룬 장소는 시내산입니다. 약속의 땅에 이르기

까지의 여정은 신혼여행이라고 말할 수 있습니다.

> (출 40:36-38) 구름이 성막 위에서 떠오를 때에는 이
> 스라엘 자손이 그 모든 행진하는 길에 앞으로 나아갔
> 고 구름이 떠오르지 않을 때에는 떠오르는 날까지 나
> 아가지 아니하였으며 낮에는 여호와의 구름이 성막
> 위에 있고 밤에는 불이 그 구름 가운데에 있음을 이
> 스라엘의 온 족속이 그 모든 행진하는 길에서 그들의
> 눈으로 보았더라

흥미로운 것은 신혼여행의 장소가 어디냐는 것입니다. "광야"입니다. 조금 이상하지 않습니까? 왜 아무 볼 것이 없는 광야로 신혼여행을 떠났을까요? 예, 바로 아무 것도 볼 것이 없기 때문입니다. 광야에서 신부가 바라볼 것은 낮에는 "여호와의 구름"이고 밤에는 여호와의 "불"이었습니다. 밤낮으로 신랑만 바라보는 것이지요. 이 때문에 질투심이 많으신 신랑이 광야로의 여행을 계획하신 듯합니다.

그런데 이후의 이스라엘 역사가 어떻게 전개되었는지 우리는 잘 알고 있습니다. 광야에서의 여행 길

끝에서 이스라엘은 또 다시 한눈을 팔았습니다. 과거 이집트에 살았을 때를 그리워하며 애곡합니다. 한 걸음 더 나아가 자신들을 위해 새로운 지도자를 세우고 "애굽으로 돌아가자"(민 14:4)라고 외쳐댑니다. 과거의 연인을 향해 백 투 이집트 운동을 일으킨 것입니다. 이에 대한 하나님의 대응이 흥미롭습니다. 습관적으로 한눈을 파는 신부를 위해 하나님은 신혼여행 기간을 처음보다 늘리십니다. 예, 40년 동안 광야에서 특별한 시간을 보내십니다. 이 40년의 의미는 신부로 하여금 신랑만 바라보는 훈련의 시간이었습니다.

출애굽기의 아름다운 마지막 장면에서 또 다시 격동의 역사를 이야기하는 것은 적절하게 보이지 않습니다. 다만 한 가지 확인할 사실이 있습니다. 이스라엘은 앞으로 또 다시 죄를 반복하여 범하고 신랑의 진노를 경험할 것이지만, 하나님은 여전히 중보자를 통해 이스라엘의 허물을 용서하시고 그들을 인도하시며 마침내 하나님의 언약을 신실하게 성취하셨다는 것입니다.

따지고 보면 이스라엘 역사의 한 부분을 차지하고

있던 "광야"는 신랑과 신부 모두에게 매우 특별한 기간이었습니다. 또한 출애굽기 한 복판에 있는 어두운 순간들 역시 우리에게 특별한 의미를 계시해 줍니다. 결혼 언약의 관점에서 출애굽기 전체를 조명해 볼 때, 상기한 어두운 터널과 광야라는 공간은 모두 신부를 향한 신랑의 지극한 사랑이 표현된 공간이었습니다. 자격이 없고 허물이 많은 백성을 신부로 삼으신 하나님의 사랑이 계시되었습니다. 한 번 선택하신 신부를 끝까지 포기하지 않으시는 신랑의 사랑이 드러났습니다. 무엇보다, 신부를 향한 신랑의 불타는 사랑이 극적으로 표현되었습니다.

이러한 내용은 앞으로 오실 메시아의 중보사역을 예표하는 모세를 통해 계시되었고 또한 그를 통해 기록되어 우리에게까지 전해졌습니다. 모세가 경험한 하나님은 오늘날 우리의 하나님이시기도 합니다. 모세가 보여준 예수 그리스도 중보자의 사역을 오늘날 우리 모두 경험하고 있습니다. 하나님은 우리를 선택하셨습니다. 죄와 사망의 권세로부터 해방시키셨습니다. 그리스도의 신부로 삼으셨습니다. 그리고 임마누엘의 사랑으로 우리와 함께 교제하시고 하루하루 동행하십니다. 물론 출애굽기에는 "예수"라는 이름이 등장하지 않습니다. 그러나 예수님을 통해 신자가 누리는 이 모든 특권과 은혜를 매우 생동감 있게 증언하고 있습니다.

2
교회 언약으로 보는
시내산 언약

결혼언약의 관점으로 살펴보았던 시내산 언약을 이제는 교회언약의 관점으로 살펴보겠습니다. 다른 시각의 안경을 쓰고 출애굽기를 읽으면 동일한 텍스트 안에 감춰져있던 새로운 측면이 잘 드러납니다. 시내산 언약을 하나님께서 교회와 더불어 맺은 언약이라는 관점에서 조명하면서, 주님께서 오늘날 우리 교회에게 기대하고 요구하시는 것이 무엇인지 살펴보도록 하겠습니다.

해석의 열쇠: 아브라함 언약

출애굽기는 순서상 창세기 다음의 책입니다. 창세기와 출애굽기를 하나의 연결된 계시로 읽는 것이 중요합니다. 창세기의 중심적인 위치를 차지하는 아브라함 언약과 출애굽기의 대부분을 차지하는 시내산 언약 역시 서로 연결되어 있습니다. 사실 출애굽의 역사는 다음 구절로부터 시작되었습니다.

> (출 2:24) 하나님이 그들의 신음 소리를 들으시고 하나님이 아브라함과 이삭과 야곱에게 세운 *그 언약*을 기억하사

하나님은 아브라함과 맺은 언약을 기억하고 출애굽의 역사를 시작하셨습니다. 따라서 시내산 언약을 아브라함 언약과의 연속성이라는 관점에서 조명하는 것은 자연스럽습니다. 동일한 내용을 하나님은 출애굽기 6장 5절에서 다시 한 번 말씀하십니다.

> (출 6:5) 이제 애굽 사람이 종으로 삼은 이스라엘 자손의 신음 소리를 내가 듣고 *나의 언약*을 기억하노라

하나님은 "나의 언약"을 기억하셨다고 말씀합니다. 출애굽의 역사가 하나님께서 주권적으로 맺으신 언약, 곧 아브라함과 맺으신 언약에 기초한다는 선언입니다.

과연 아브라함 언약은 무엇일까요? 아브라함 언

약 안에는 메시아에 관한 약속을 비롯하여 많은 내용이 포함되어 있습니다. 특히 오늘의 주제와 관련하여 주목할 본문은 창세기 12장 2-3절 말씀입니다.

> (창 12:2-3) 내가 너로 큰 민족을 이루고 네게 복을 주어 네 이름을 창대하게 하리니 너는 복이 될지라. 너를 축복하는 자에게는 내가 복을 내리고 너를 저주하는 자에게는 내가 저주하리니 *땅의 모든 족속이 너로 말미암아 복을 얻을 것이라* 하신지라

하나님께서 처음 아브라함을 부르시며 약속하신 내용입니다. 아브라함 언약의 서두에서부터 모든 민족에 대한 복을 약속하십니다. 아브라함으로 인해 전 세계에 하나님의 복이 미칠 것이라는 선언입니다. 이 약속은 출애굽기에 그대로 계승되었습니다. 하나님은 이스라엘을 하나님의 백성으로 선택하셨을 때, 그들을 제사장 나라로 부르셨습니다.

> (출 19:5-6) 세계가 다 내게 속하였나니 너희가 내 말을 잘 듣고 내 언약을 지키면 너희는 모든 민족 중에서 내 소유가 되겠고 너희가 내게 대하여 *제사장 나*

*라*가 되며 거룩한 백성이 되리라 너는 이 말을 이스라엘 자손에게 전할지니라

하나님께서 이스라엘을 제사장 나라로 부르신 것은 하나님께서 아브라함의 소명, 곧 천하 만민이 아브라함으로 인하여 복을 받겠다는 하나님의 약속과 일맥상통하고 있습니다. 아브라함 언약의 성취로서 이스라엘은 제사장 나라의 소명을 받은 것입니다. 이스라엘이 하나님과 세계에 대해 제사장의 직무를 수행함을 통해 하나님의 복이 모든 민족에게 미칠 것입니다.

하나님은 유럽과 아시아, 그리고 아프리카의 삼 개 대륙이 만나는 교통의 요지에 하나님의 교회를 세우실 계획을 가지고 아브라함을 부르셨습니다. 지도에서 이스라엘을 찾아보면 이곳이 정말 전략적 요충지라는 사실을 어렵지 않게 발견할 수 있습니다. 한 대륙에서 다른 대륙으로 이동해 갈 때 반드시 통과하게 되는 교통의 요지입니다. 누구라도 이 나라를 볼 수 있도록 하셨습니다. 이 나라는 하나의 큰 **국가 교회**였습니다. 이 나라의 국민은 성직자들과 성도로 구성되어 있습니다. 흔히 교회의 표지라고 할 수 있는

말씀(토라)과 **성례**(할례와 유월절 등)가 있습니다. 또한 하나님의 율법에 따른 **치리**가 실행됩니다. 요컨대 이 나라는 제사장 나라의 직무를 수행하는 국가 교회였습니다.

마치 누구나 산 위의 동네를 볼 수 있는 것처럼, 또한 마치 사람이 등불을 높은 곳에 두고 주위를 밝게 비춰게 하듯이, 하나님은 이 나라를 가장 정의롭고 사랑이 넘치는 이상적인 나라로 만들어, 그 아름다운 빛을 온 세계에 비춰게 할 계획을 세우셨습니다. 이를 통해 세계의 모든 나라들이 하나님 앞으로 나와 여호와 신앙을 갖도록 이끄실 계획을 세우신 것입니다. 이를 테면 이스라엘을 이방을 향한 복음의 빛으로 삼으실 것이었습니다. 마침내 세계 민족을 하나님의 백성으로 부르실 놀라운 구원 계획입니다. 이러한 목적을 가지고 하나님은 430년 전에 아브라함을 부르셨고 오늘 이스라엘을 제사장 나라로 부르신 것입니다.

이상 국가의 청사진: 정전법과 희년법

과연 이상적인 나라는 어떤 모습일까요? 중국 고

대사를 공부할 때, 주나라(周, BC 1046~256년)의 독특한 지위에 대해 흥미롭게 공부했던 기억이 납니다. 특히 주나라의 정전(井田)법[1]은 이후 동양 사회를 위한 이상적인 토지제도의 모범이 되었습니다. 정전법은 조선시대 실학파의 대표적인 인물이었던 다산(茶山) 정약용에게도 영향을 미쳤습니다. 다음은 정약용 선생의 《경세유표》(經世遺表)에 소개된 내용입니다.

> 진실로 9분의 1로 하는 법을 회복하여, 9분의 1세 외에 생기는 여러 가지 해를 모두 제거할 것 같으면 백성으로서 춤추지 않을 자가 있겠는가? 9분의 1세의 법을 시행하고자 한다면 반드시 평평한 들판, 기름진 땅을 정전으로 구획하여 구(矩)로 잰 것처럼 경·위(經緯)를 바둑판같이 반듯하게 한 다음 만민에게 보이면서, "9분의 1하는 율(率)은 이와 같다." 한다... 그러므로 나는 정전을 회복함이 마땅하다고 말한다.[2]

---

[1] 우물 정(井)자형의 토지를 아홉 등분 하여 정 가운데 토지(100무)를 제외한 여덟 개의 토지를 여덟 가구가 사전(私田)으로 소유하고, 중앙의 토지는 공전(公田)으로 만들어, 공전의 농작물을 세금 형태로 활용하는 토지제도이다.

[2] 《경세유표》 제7권: 지관 수제(地官修制)에서 인용하였다. 한국고전번역원에서 번역한 《경세유표》의 전문을 보려면 다음 웹사이트를 참조하라. http://db.itkc.or.kr/

이처럼 다산(茶山)이 실행하길 원했던 정전법은 주어진 토지를 크게 9분의 8에 해당하는 사전(私田)과 9분의 1에 해당하는 공전(公田)으로 구분합니다. 사전은 오늘날의 사유지에 해당하고 공전은 공공선을 위해 사용되는 세금이나 복지기금에 상응한다고 말할 수 있습니다. 공전을 통해서 생산되는 수확물로 가난한 사람을 돕기도 하고 마을 경제의 인프라를 구축할 수 있습니다. 요컨대 정전법은 자유시장 경제의 원리와 사회주의 경제의 장점을 통합시킨 제도라고 말할 수 있습니다.

동양 사회에 정전법이 있었다면, 서구 사회에는 **희년법**이 존재합니다. 만일 하나님께서 지구상에 현실 국가를 세우신다면 그 나라는 어떤 모습일까요? 우리는 출애굽기에 계시된 희년법을 통해 대략적인 모습을 그려볼 수 있습니다. 모세오경에 소개되는 희년법은 주나라의 정전법 보다 시기적으로 앞설 뿐만 아니라 많은 분량으로 더욱 상세하게 기록되어 있습니다.

> (레 25:10) 너희는 오십 년째 해를 거룩하게 하여 그 땅에 있는 모든 주민을 위하여 자유를 공포하라 이 해

는 너희에게 희년이니 너희는 각각 자기의 소유지로
돌아가며 각각 자기의 가족에게로 돌아갈지라

마치 다산(茶山)이 주나라의 정전법을 자기 시대에 적용하자고 주장했듯이, 오늘날 대한민국의 경제학자들 가운데는 희년법의 원리를 현재 우리나라 상황에 적용하자고 주장하는 학자들도 있습니다. 성경의 희년법을 아주 단순화시켜 표현하자면, 50년에 한 번씩 이스라엘 공동체 전체를 위해 자기의 것을 크게 한 번 내려놓자는 제도입니다. 약 50년 동안은 누구나 자유 시장 경제의 원리를 따라 열심히 일합니다. 이 기간 동안 사업을 확장하고 재산을 자녀에게 상속할 수 있습니다. 물론 상대적으로 몰락해 가는 가문과 지파도 생길 수 있습니다. 그러나 50년째 희년이 되면, 이스라엘의 각 지파는 본래 각 지파에게 배분되었던 기업을 회복하게 됩니다.

사실 50년에 한 번씩 자신의 손을 펴서 자신의 것을 내려놓는다는 것은 결코 쉬운 일이 아니었을 것입니다. 그래서 희년법에 대해서 일부 학자들은 회의적인 태도를 취하기도 합니다. 희년법은 단지 이상적인 원리로만 존재했던 것이지, 이스라엘의 역사 속에서 실제로 지켜지지 않았을 것이라는 것이죠. 우리나라의 경우도 비슷한 어려움을 겪었을 것입니다. 주나라의 정전법을 조선시대에 그대로 적용하기 힘들었던 이유는, 이미 조선 사회는 신분제 사회로서 기득권층이 존재했기 때문이었습니다. 원칙상 토지는 국왕의 토지였으나, 대부분의 경작지는 토지 귀족층의 소유였다고 말할 수 있습니다. 실학자들은 사회혁명을 통해 기존의 사회-경제 질서를 근본적으로 뒤바꾸자고 주장할 수는 없었습니다. 다만 정전법의 좋은 원리를 부분적으로라도 구현해 보기 위해 노력했던 것이지요.

흥미로운 사실은 출애굽기에 등장하는 이스라엘의 역사적 정황은 매우 독특했다는 것입니다. 이집트로부터 해방되기 전 이스라엘 백성은 430년 동안 이집트에서 이방인의 신분으로 살았습니다. 이 시기 가운데 상당 시간을 노예의 신분으로 살았습니다. 오랜 기간 종살이를 하다보면 모든 사람들의 삶은 하향 평준화됩니다. 모두 가난해 지는 것이죠. 실제로 이집트에서 탈출하기 직전에 이집트인들로부터 얻은 것을 제외하고 이스라엘 백성이 소유한 재화는 보잘 것 없었을 것입니다. 칼 마르크스가 즐겨 사용한 용어로 표현하자면, 거의 모든 이스라엘 백성은 "무산자" 혹은 "프롤레타리아"에 상응하는 신분이 되었다고 말할 수 있습니다.

가나안 땅을 배분한 것은 이스라엘이 약속의 땅으로 들어가기 전에 이루어졌습니다. 배분의 시점이 중요합니다. 아무것도 없는 상태에서 지파들 사이에 공평하게 땅 분배가 이루어진 것입니다. 그리고 약속의 땅에서의 사회경제는 희년법에 기초할 것이라는 설명이 주어졌습니다. 아직 사회경제적인 기득권층이 형성되지 않은 상황에서, 아무 것도 소유하지 않은 백성의 입장에서는 한 평을 거저 받아도 고맙지 않았겠습니까? 어떤 면에서 보면, 새로운 국가를 실험해 볼 수 있는 가장 이상적인 조건이 마련된 것입니다. 백지 상태에서 자유와 평등의 원리를 실험할 수 있게 된 것입니다. 이렇듯 출애굽기의 역사적 시기는 아주 독특한 조건이 마련된 시기입니다. 이스라엘의 각 지파는 앞으로 50년 동안 자유로운 경제 활동을 영위할 것입니다. 그러나 50년째가 되면, 하나님 앞에서 무조건적으로 땅을 배분받았던 오늘을 기억하며, 다 같이 원점으로 돌아올 것입니다. 그리하여 이스라엘의 지파들 가운데 어느 한 지파도 완전히 몰락하지 않고 함께 상생할 수 있는 제도적 장치가 마련된 것입니다.

희년법의 기초: 안식년과 안식일

분명 이 제도는 이상적이긴 하지만 현실적으로 실천되기 어려운 측면이 있습니다. 무엇보다 가진 자들로 하여금 반세기 동안 힘들게 노력하여 확보한 기득권을 포기하도록 요구하는 것은 결코 쉽지 않았을 것입니다. 물론 이 제도를 명하신 하나님은 이러한 어려움을 알고 계셨습니다. 그래서 하나님은 희년법과 아울러 안식년 법을 제정하십니다. 안식년 법은 희년법이 현실적으로 적용될 수 있도록 하는 기초 혹은 징검다리 역할을 수행했습니다. 이스라엘은 일곱 번의 안식년을 지킨 후에야 비로소 희년에 도달하도록 되어 있습니다. 쉽게 말해 7년에 한 번꼴로 움켜쥐었던 손을 펴는 훈련을 하는 것입니다. 일곱 번의 내려놓은 훈련을 마친 후에, 50년째 되는 해에 기꺼이 크게 내려놓는 결단을 내릴 수 있도록 가르치시는 것입니다. 그래서 희년법을 이해하기 위해서는 먼저 안식년 법을 이해해야 합니다. 모세가 시내산에서 40일 머무는 동안 하나님으로부터 계시 받은 내용의 상당 부분이 안식년 법에 관한 것입니다. 국가를 세우는 데 필요한 청사진에 해당하는 것이지요. 우리는 안식년 법의 내용을 크게 세 가지로 구분하여 살펴볼 수 있습니다.

첫째, 안식년 제도는 자유인의 법입니다.

출애굽 당시 고대 근동의 사회는 대부분 노예제 사회였습니다. 그런데 앞으로 약속의 땅에 건설될 나라는 그 당시의 표준에서 볼 때, 전통적인 노예제 사회가 아니었습니다. 물론 이스라엘 나라에도 경제적으로 몰락하는 사람들이 있을 것이었습니다. 부채를 청산할 재화가 없으면, 이들은 노동력으로 빚을 갚아야 했을 겁니다. 일종의 부채 노예가 되는 것입니다. 그러나 이 시점에서 이스라엘이 다른 나라와 차별화되는 면이 등장합니다. 이스라엘 백성은 피치 못할 사정으로 남의 집의 종이 되어도 종살이 기간이 최대한 6년을 넘기지 못하도록 되어 있었습니다. 7년째는 무조건적으로 해방되어 자유인의 신분을 회복하도록 하는 제도적 장치가 마련되었습니다.

(출 21:2) 종을 사면 그는 여섯 해 동안 섬길 것이요 일곱째 해에는 몸값을 물지 않고 나가 자유인이 될 것이며

안식년 제도는, 한 번 노예가 되면 일평생 노예 신분으로부터 벗어날 수 없었던 고대의 관행과는 차별화 되는 제도였습니다. "몸값을 물지 않고"라는 말에 주목을 해야 합니다. 오늘날의 표현을 빌자면 "원금을 상환하지 않고"라고 이해할 수 있겠습니다. 한 사람이 6년간 행한 노동으로 이미 원금을 충분히 상환한 것으로 간주해야 한다는 것입니다. 한 걸음 더 나아가, 주인은 종의 신분에서 해방되는 사람을 결코 빈 손으로 보내지 말아야 했습니다. 주신은 자신의 소유 가운데 값진 것으로 자유인이 된 사람에게 후히 보상하도록 규정되었습니다.

(신 15:13-14) 그를 놓아 자유하게 할 때에는 빈 손으로 가게 하지 말고 네 양 무리 중에서와 타작 마당에서와 포도주 틀에서 그에게 후히 줄지니 곧 네 하나님 여호와께서 네게 복을 주신 대로 그에게 줄지니라

오늘날의 용어로 표현하자면 퇴직금 주라는 겁니다. 6년 동안에 일한 사람을 결코 빈손으로 가게 하지 말고 그 사람이 스스로 자립하여 살 수 있도록 배려하라는 규정입니다. 에릭 포너(Eric Forner)라는 역사학자가 1983년에 저술한 『해방, 그 외에는 아무것도 없었다』(Nothing But Freedom)라는 책이 있습니다. 19세기 미국의 남북 전쟁에서 링컨이 이끄는 북군이 승리했습니다. 남부의 노예제는 폐지되고 수많은 흑인 노예들이 자유인의 신분을 얻었습니다. 그런데 그 뿐이라는 것입니다. 흑인노예는 신분상으로만 자유인이 되었지, 실제 경제적으로 자립할 수 있는 형편이 되지 못했습니다. 적지 않은 수의 흑인들이 이전 주인들과 다시 경제적으로 종속되는 관계로 되돌아가야 했습니다. 다른 이들은 북부의 공장지대로 올라가 산업 노동자가 되기도 했습니다. 이것이 노예해방의 현실이었습니다. 그럼에도 오늘날까지 미국 흑인들 사이에 링컨은 여전히 영웅입니다. 명목상의 해방일지라도 노예해방은 여전히 나름의 가치가 있는 것입니다. 이러한 역사적 사실과 비교해 볼 때, 성경의 안식년제도 안에서 하나님께서 명령하신 내용, 곧 주인에게 종을 "자유하게 할 때에는 빈 손으로 가게하지 말고.. 그에게 후히 줄지니"라고 요구하신 것은 매우 의미 있게 다가옵니다.

둘째, 안식년 제도는 사회보장법입니다.

(출 23:10-11) 여섯 해 동안은 너의 땅에 파종하여 그 소산을 거두고 일곱째 해에는 갈지 말고 묵혀두어서 네 백성의 가난한 자들이 먹게 하라. 그 남은 것은 들 짐승이 먹으리라. 네 포도원과 감람원도 그리할지니라[참조. 레 19:9-10; 23:22; 25:5-7, 24-55]

이스라엘 백성은 6년 동안 경작지를 부지런히 일구어 농사를 짓습니다. 그러나 안식년 법에 따라, 제7년째에 이르면 그 땅을 경작하지 못합니다. 안식하는 해에 경작지에서 자연적으로 자라나는 소출과 특히 과수원에서 열매 맺은 것들은 모두 가난한 자들의 것이 되도록 규정되었습니다. 안식년 제도가 사회의 연약하고 소외된 사람들의 복지를 위한 제도임을 잘 드러내는 규정입니다.

이제 이스라엘 백성은 약속의 땅에 들어가 밭을

기경하고 농사를 짓고 살게 됩니다. 이들을 위해 하나님은 매우 독특한 법을 내십니다. 농작물을 추수할 때, 밭 모서리 부분의 곡식을 다 거두지 말아야 한다고 말씀합니다. 추수할 때, 떨어지는 이삭도 그대로 두어야 합니다. 과수원의 경우도 마찬가지입니다.

> (레 19:9-10) 너희가 너희의 땅에서 곡식을 거둘 때에 너는 밭 모퉁이까지 다 거두지 말고 네 떨어진 이삭도 줍지 말며 네 포도원의 열매를 다 따지 말며 네 포도원에 떨어진 열매도 줍지 말고 가난한 사람과 거류민을 위하여 버려두라 나는 너희의 하나님 여호와니라

하나님께서 이러한 추수법을 만드신 이유는 분명합니다. 앞의 구절에서 말씀하셨듯이 경제적으로 어려운 사람들의 복지를 위한 것입니다. 특히 고아와 과부로 대표되는 가난한 자들과 나그네들을 위해 배려입니다. 이러한 조치는 안식년의 소출을 가난한 자들을 위해 사용하라고 명령하신 안식년 규례와 일맥상통하고 있습니다.

셋째, 안식년 제도는 땅(자연)의 안식법입니다.

(레 25:2-5) 너희는 내가 너희에게 주는 땅에 들어간 후에 그 땅으로 여호와 앞에 안식하게 하라. 너는 육 년 동안 그 밭에 파종하며 육 년 동안 그 포도원을 가꾸어 그 소출을 거둘 것이나 일곱째 해에는 그 땅이 쉬어 안식하게 할지니 여호와께 대한 안식이라 너는 그 밭에 파종하거나 포도원을 가꾸지 말며 네가 거둔 후에 자라난 것을 거두지 말고 가꾸지 아니한 포도나무가 맺은 열매를 거두지 말라 *이는 땅의 안식년임이니라*

안식년 제도는 사람에게만 적용되는 것이 아니었습니다. 하나님은 제 7년째 되는 해에는 땅도 안식을 누려야한다고 선언하셨습니다. 사실 이 법은 안식의 해에도 여전히 복을 주시겠다는 하나님의 약속을 신뢰하는 믿음이 있어야 지킬 수 있는 명령이었습니다. 사람은 하나님의 약속된 복을 누리는 동안 경작지는 쉼을 통해 지력(地力)을 회복할 수 있었을 것입니다.

아쉽게도 이스라엘 백성은 가나안 땅에 들어간 이

후, 안식년 규례를 제대로 지키지 않았던 것 같습니다. 결국 하나님과 맺은 언약을 어기고 끝까지 회개를 거부했습니다. 그 결과, 북이스라엘은 앗시리아에 의해 멸망당하고, 남유다는 바벨론 제국에 의해 정복당합니다. 이 때 수많은 유대인들은 바벨론으로 끌려가 70년 포로 생활을 경험합니다. 흥미롭게도 성경은 70년의 기간을 색다른 관점에서 조명합니다.

> (대하 36:21) 이에 토지가 황폐하여 땅이 안식년을 누림 같이 안식하여 칠십 년을 지냈으니 여호와께서 예레미야의 입으로 하신 말씀이 이루어졌더라

불순종의 결과로 하나님의 백성이 타국에서 포로 생활을 하는 70년 동안, 약속의 땅은 안식을 누렸다고 말하는 것입니다. 마치 하나님께서 약속의 땅으로 하여금 안식을 누릴 마땅한 권리를 향유하도록 하신 것처럼 묘사하는 것입니다.

지금까지 안식년 제도를 세 가지 차원에서 조명해 보았습니다. 이스라엘 백성은 일곱 번의 안식년을 통해 희년을 실천할 수 있도록 예비 훈련받은 것이라는

말씀도 드렸습니다. 그러나 이스라엘 백성의 입장에서 볼 때, 7년에 한 번씩 자신의 경제적 이윤과 기회를 내려놓는 것도 결코 쉬운 일은 아니었을 것입니다. 그래서 하나님은 또 다른 훈련 과정을 예비하셨습니다. 그것이 바로 "안식일" 제도입니다. 일주일에 한 번씩, 일 년에 약 50회 이상을 안식하는 훈련을 받는 것입니다.

(출 23:12) 엿새 동안에 네 일을 하고 일곱째 날에는 쉬라 네 소와 나귀가 쉴 것이며 네 여종의 자식과 나그네가 숨을 돌리리라

일주일에 한 번씩 모든 경제활동을 중지하고 하나님을 예배하는 훈련을 통해 하나님으로부터 복을 받는 것을 경험적으로 확신하도록 하신 것입니다. 안식일은 모든 사람에게 예배권과 더불어 휴식권을 보장해 주었습니다. 자신만 휴식하는 것이 아니라, 모든 피고용인들과 가축들, 또한 심지어 생산수단까지 안식을 향유할 수 있었습니다. 요컨대 희년과 안식년 그리고 안식일 제도는 서로 유기적으로 통합되어 있으면서, 안식일과 안식년은 하나님의 백성으로 하여금

결국 희년을 실천할 수 있게 만드는 내적인 동력을 제공했던 것입니다.

고대 이스라엘의 사회경제 시스템을 오늘날의 시각으로 평가해 보았더니 흥미로운 결과가 보고되었습니다. 이스라엘 백성은 약 총 소득의 20% 이상의 조세 지출을 부담해야 했는데 그 중 절반은 빈곤층을 위한 소득 재분배적 성격으로 사용되었고, 나머지 절반은 (신정)국가 제도의 유지비용으로 활용되었을 것이라고 합니다.[3] 요컨대 하나님께서 구상하신 이상국가의 청사진은 오늘날 소위 복지국가의 모델과 유사한 것으로 보입니다. 복지사회의 개념은 근대국가 이후에야 등장했고, 복지국가의 이상을 실현하고자 노력하는 현대사회의 주요한 특징임을 감안해 볼 때, 출애굽기가 제시하는 모델은 매우 인상적이라고 말하지 않을 수 없습니다.

---

[3] 기독교인으로서 토지정의에 관해 연구하고 가르치는 최은상 목사의 다음 논문들을 참고할 것. 최은상, "토지와 정의," 「기독교와 통일」 vol.3(2009): 313-343. 또한 소논문 "희년제도의 재조명"(2009)을 보라. 전문은 다음 웹페이지에 실려 있다. http://kingdomkorea.tistory.com/102?category=208004

하나님께서 세우시는 국가교회로서의 이스라엘 안에서 가난한 자들은 법적인 보호와 여러 가지 복지 혜택을 누릴 수 있었습니다. 그렇다고 해서 하나님은 무조건 가난한 자들만 편들어야 한다고 말씀하지 않았습니다. 특히 재판은 반드시 공정하게 이루어져야 했습니다.

(레 19:15) 너희는 재판할 때에 불의를 행하지 말며 가난한 자의 편을 들지 말며 세력 있는 자라고 두둔하지 말고 공의로 사람을 재판하라

요컨대 이스라엘은 복지가 실현될 뿐만 아니라 정의로운 사회가 되어야할 것이었습니다. 아울러 매우 인상적인 법을 소개하면 다음과 같습니다.

(출 23:19) 너는 염소 새끼를 그 어미의 젖으로 삶지 말지니라

과연 이 규례가 의미하는 바는 무엇일까요? 학자들의 다양한 의견이 있습니다. 적지 않은 수의 연구자들은 이 규례가 인도주의적인 차원을 포함하고 있다

는 데 동의합니다. 당시 이스라엘 사람들은 종종 새끼 염소를 우유에 삶아 먹었던 것 같습니다. 아마도 고급 요리에 해당했을 것입니다. 하나님은 이 음식을 금하신 것이 아닙니다. 다만 요리과정에서 염소새끼를 요리할 때, 그 어미의 젖을 사용하지 말라고 하십니다. 새끼를 빼앗긴 어미 염소의 심정을 배려하라는 뜻일까요? 그보다는 사람이 음식의 맛을 추구하는데 지나치게 몰입하다가 자칫 마음이 황폐화 되는 것을 방지하고자 하신 듯합니다. 오늘날의 술어를 사용하자면 일종의 인도주의적 도축법이라고 말할 수 있습니다. 만일 이것이 사실이라면 현대의 선진국에서 등장할 만한 법이 고대 이스라엘에 등장한 것입니다.

내적인 동력

이스라엘 백성들이 희년법을 포함하는 하나님의 법에 순종하면 하나님께서는 이스라엘을 일등 국가로 만들어 주겠다고 약속하십니다. 오늘날 우리나라 학생들도 미국을 비롯한 해외의 선진 국가에 가서 공부합니다. 많은 비용과 시간을 투자하며 해외로 나갑니다. 왜 그럴까요? 무언가 배울 것이 있어서 가는 것입니다. 과거에도 동일했을 것입니다. 만일 이스라엘 나라가 정의와 복지가 실현되는 이상적인 선진국가로 우뚝 서게 되면 전 세계의 나라들로부터 사람들이 찾아 올 것이었습니다. 좋은 문물을 배우러 왔다가 여호와 신앙을 발견할 수 있었겠지요.

개인 전도는 대상을 찾아 나가는 전도입니다. 이에 비해 대규모 단위의 전도는 찾아오도록 만드는 방식으로 이루어지는 것이 좋습니다. 바로 하나님께서 사용하신 전도 전략입니다. 교통의 요지에 커다란 국가 교회 세우시고, 이방을 비추는 빛으로 삼아 세계의 민족들을 초청하는 방식입니다. 솔로몬 왕이 통치할 때, 하나님은 이스라엘을 크게 축복하셨습니다. 이 때 열국의 나라들이 사신을 보내 솔로몬을 방문했습니다. 시바 여왕은 솔로몬의 지혜를 배우기 위해 몸소 찾아 왔지요. 룻기의 이야기도 비슷한 맥락에서 이해할 수 있습니다. 고대 세계에서 가장이 죽으면 여자들은 매우 힘든 삶을 살 수 밖에 없었습니다. 그런데 이스라엘의 경우는 달랐습니다. 여러 가지 사회보장 정책을 통해 기본적인 생활이 보장되었습니다. 뿐만 아니라 몰락한 가문에게도 다시 일어설 수 있는 제도적 장치까지 마련되었습니다. 모압 여인이었던 룻은 아마도 시어머니를 통해 이러한 제도를 소개받았을 것입니다. 그녀의 마음에 하나님의 언약백성에 대한 호기심이 일어났습니다. 마침내 "어머니의 백성이 나의 백성이 되고 어머니의 하나님이 나의 하나님이 되시리니"라는 고백을 하고 나오미를 따라 이스라엘로 귀화한 것입니다. 어떤 측면에서 룻기는 하나님의 전도 전략을 구체적으로 예시해 주는 기능을 한다고 생각됩니다.

그런데 한 가지 우려되는 것이 있습니다. 과거 우리의 조상들이 서양 문물에 대해 "동도서기(東道西器)"의 원칙을 내세웠던 사실을 우리는 잘 알고 있습니다. 서양의 기술문명은 배우지만 우리나라의 전통적인 사상을 고수해야한다는 입장입니다. 아마도 희년법에 대해서도 이스라엘의 주변 국가들 역시 비슷한 입장을 취하려고 하지 않았을까 생각하게 됩니다. 그러나 바로 이 지점에서 하나님의 빛나는 지혜가 발견됩니다. 언뜻 보면, 이스라엘의 매력은 희년법이라는 완벽한 제도에 기초해 있는 것으로 보입니다. 그러나 보편적인 이성을 가지고 희년법을 자세히 들여다보면 이

제도는 결정적인 약점을 가지고 있습니다. 안식일, 안식년, 그리고 희년으로 연결되는 모든 규례들이 제대로 돌아가기 위해서는 매우 특별한 내적인 동력이 필요하다는 것입니다. 그것은 바로 하나님께서 부어주시는 신적인 복입니다. 이것이 없이는 이스라엘의 사회경제 시스템은 제대로 작동될 수 없었습니다. 구체적으로 말하자면 안식년을 지키기 위해 이스라엘 백성은 안식년이 도래하기 전 해에 풍년의 복을 보장받아야만 했습니다.

> (레 25:20) 우리가 만일 일곱째 해에 심지도 못하고 소출을 거두지도 못하면 우리가 무엇을 먹으리요 하겠으나 내가 명령하여 여섯째 해에 내 복을 너희에게 주어 그 소출이 삼 년 동안 쓰기에 족하게 하리라

제 6년째 되는 해에 앞으로 삼 년 동안 먹고 살 수 있는 풍년이 보장되지 않으면 안식년을 지키는 것은 불가능합니다. 다시 말 해, 하나님의 복이 안식년 법의 필수적인 내적인 동력이 되어야 한다는 것입니다.

백성의 입장에서 안식법은 하나님을 신뢰하는 믿

음이 없이는 결코 지킬 수 없는 법이었습니다. "삼 년의 복"에 대한 믿음은 어떻게 형성되었을까요? 이것 역시 이미 훈련과 경험을 통해 형성될 수 있었을 것입니다. 광야에서 이스라엘은 매일 만나를 공급받았습니다. 안식일을 하루 앞둔 날은 예외였습니다. 안식일 하루 전에는 안식일에 먹을 것까지 갑절의 만나를 거두었고, 안식일이 지나도록 만나는 썩지 않았습니다. 다른 날의 경우 욕심을 내어 하루치를 초과하여 거둔 만나는 모두 썩었는데 말이죠. 이처럼 이스라엘 백성은 안식일 하루 전에 하나님께서 베푸시는 갑절의 복을 경험적으로 체험했습니다. 한편 모든 이스라엘 백성은 요셉의 이야기를 잘 알고 있었습니다. 하나님께서 베푸시는 칠 년의 풍년은 이후 칠 년의 흉년을 대비하고도 남는 큰 복이었다는 사실을 민족적으로 경험했습니다. 요컨대 여호와께서 베푸시는 복이 안식년과 희년법의 핵심적인 원동력이었던 것입니다.

여호와의 복은 경제적인 것에 그치지 않았습니다. 이스라엘의 정치적 안정과 국방력 또한 하나님의 복에 의존하고 있었습니다.

(레 25:18) 너희는 내 규례를 행하며 내 법도를 지켜 행하라 그리하면 너희가 그 땅에 안전하게 거주할 것이라

이스라엘이 언약을 잘 지키면 하나님께서 친히 국가적 안전을 보장해 주시겠다는 약속입니다. 한 나라의 국민이 빈곤의 문제로부터 해방될 때, 그 나라의 정권은 국민적 지지와 안정을 얻게 됩니다. 이 역시 하나님께서 약속하신 복에 포함됩니다.

(신 15:4-5) 네가 만일 네 하나님 여호와의 말씀만 듣고 내가 오늘 네게 내리는 그 명령을 다 지켜 행하면 네 하나님 여호와께서 네게 기업으로 주신 땅에서 네가 반드시 복을 받으리니 너희 중에 가난한 자가 없으리라

이처럼 여호와의 복이 희년법의 내적인 동력이 된다는 사실이 함의하는 바는 분명합니다. 희년법을 단순한 제도로서 배우고 적용하려는 모든 시도는 무의미하다는 것입니다. 희년법의 유익을 누리기 위해서는 반드시 여호와의 복을 받아야 합니다. 여호와의 복

을 받기 위해서는 먼저 하나님께 대한 신앙을 가지고 언약백성이 되어야 하는 것입니다. 한 마디로 "도(道)"와 "기(器)" 모두를 배워야 하는 것입니다.

선택은 보편을 지향합니다.

하나님은 이처럼 지혜롭고 멋진 구원 계획을 먼저 구상하셨습니다. 그리고 그 청사진을 시내산에서 모세에게 계시하신 것입니다. 그 구체적인 내용이 시내산 언약의 상당한 분량을 차지하고 있습니다. 이렇듯 하나님은 세계의 민족들을 구원으로 초청하시는 일에 관심을 두셨던 것입니다. 일찍이 아브라함을 부르실 때 약속하신 복이 시내산 언약 안에서 구체화된 것이라고 말할 수 있습니다. 이러한 측면에서 볼 때, 출애굽기는 이스라엘만을 위해 주어진 텍스트가 아닙니다. 이스라엘을 제사장 나라를 부르심을 통해 전 세계를 복 주시기를 원하시는 하나님의 마음이 구체적으로 계시된 성경입니다. 곧 우리 모두를 위한 하나님의 자기계시인 것입니다.

하나님의 자기계시를 구성하는 대표적인 두 가지

는 사랑과 공의입니다. 결혼 언약을 통해 하나님께서 얼마나 사랑의 하나님이신가를 계시하셨습니다. 이제 국가교회로서의 이스라엘 나라를 세우기 위한 희년법을 통해 하나님께서 얼마나 정의로운 분이신지에 대해 계시하신 것입니다. 사랑과 공의에 대한 하나님의 자기계시를 세상 속에서 구체적으로 드러내는 것이 바로 제사장 나라의 소명이었습니다. 아쉽게도 이스라엘은 두 가지 사명을 수행하는 데 모두 실패합니다. 이스라엘의 실패를 만회하고 다시 성취하러 오신 분이 바로 예수님입니다. 예수님이 공생애를 시작하시면서 이사야서 61장에서 희년을 언급한 부분을 인용하신 후에 "이 글이 오늘 너희 귀에 응하였느니라"(눅 4:21) 라고 선언하신 것은 매우 큰 의미가 있습니다. 요컨대 그리스도의 복음은 사랑과 공의 모든 부분에서 균형을 잡고 있습니다.

이제 하나님께서 이스라엘을 선택하셨다는 의미를 한번 생각해 보겠습니다. 이 의미를 한 마디로 표현하자면 다음과 같습니다. "선택은 보편(세상)을 지향합니다." 흔히 기독교는 선택의 종교라고 합니다. 하나님은 이스라엘을 선택하셨습니다. 이스라엘의 선민

의식은 바로 여기에 기초하고 있습니다. 이 경우 선택은 흔히 국수주의적이고 배타적인 종교와 연결됩니다. 과연 하나님의 선택이 국수주의적이고 배타주의를 양산하는 것일까요?

결코 그렇지 않습니다. 교회언약으로 조명한 출애굽기는 오히려 이와 정반대의 것을 선포하고 있습니다. 하나님께서 이스라엘을 선택하실 때, 이스라엘을 "제사장 나라"로 부르셨다는 사실을 잊으면 안 됩니다. 제사장은 위로는 하나님과 수평적으로는 백성을 섬기기 위해 존재합니다. 제사장 나라 역시 마찬가지입니다. 섬길 다른 민족이 없으면 무의미한 것입니다. 예를 들어 보겠습니다. 선생님이 한 분단의 학생들만을 선택한다고 말했습니다. 다른 분단의 학생들은 실망하거나 야유할 것입니다. 그런데 선생님이 이렇게 말씀합니다. "선택받은 분단의 학생들은 모두 지갑을 열어 학급 전체의 간식거리를 준비하자." 순간 야유는 환호성으로 바뀔 것입니다. 제사장 나라의 부르심이 이와 같은 것입니다. 선택 행위 자체가 보편을 지향하는 것입니다. 따라서 한국인이 단군신화를 읽듯이 유대인이 출애굽기를 읽는 것은 출애굽기의 보편적인 복음의 메시지를 왜곡하는 것입니다. 이스라엘 나라가 세워지는 이야기의 핵심에는 하나님의 세상 사랑이 자리 잡고 있는 것입니다.

같은 맥락에서 출애굽기 전반부에 기록된 열 가지 재앙의 의미를 새롭게 조명해 볼 수 있습니다. 하나님은 이집트의 신들을 치셨습니다. 이집트인들은 권력, 돈, 쾌락, 그리고 건강의 우상들을 섬기며 살았습니다. 오늘날 현대인들이 섬기는 신들과 크게 다르지 않습니다. 하나님이 이집트의 신들을 치신 목적은 이 우상들이 참 신이 아니라는 것을 가르쳐 주고 오로지 하나님만이 참 신이라는 것을 계시하기 위함입니다.

(출 7:17) [피] "네가 이로 말미암아 나를 여호와인줄 알리라"

(출 8:10) [개구리] "왕에게 우리 하나님 여호와와 같은 이가 없는 줄을 알게 하리니"

(출 8:22) [파리] "이 땅에서 내가 여호와인 줄을 네가 알게 될 것이라"

(출 9:13) [우박] "온 천하에 나와 같은 자가 없음을 네가 알게 하리라"

(출 9:16) [우박] "내가 너를 세웠음은 나의 능력을 네게 보이고 내 이름이 온 천하에 전파되게 하려 하였음이니라"

(출 10:2) [메뚜기] "네 아들과 네 자손의 귀에 전하기 위함이라 너희는 내가 여호와인 줄을 알리라"

요컨대 "참 신은 누구신가?"를 알게 하는 것이 연이은 재앙들의 목표였습니다. 과연 하나님께서 의도하신 대로 이집트인들의 반응이 기록되어 있습니다. "이" 재앙이 임했을 때, 바로의 요술사들은 "이는 하나님의 권능이니이다."(출 8:19)라고 바로에게 고백했습니다. 이후 우박 재앙의 단계에 이르면 중요한 변화가 일어납니다. 바로의 신하들 가운데에도 여호와의 경고에 귀를 기울이고 그 재앙을 피하기 위해 행동으로 순종하는 사람들이 생깁니다.

(출 9:20-21) 바로의 신하 중에 여호와의 말씀을 두려워하는 자들은 그 종들과 가축을 집으로 피하여 들였으나 여호와의 말씀을 마음에 두지 아니하는 사람은 그 종들과 가축을 들에 그대로 두었더라

이 말씀은 마지막 재앙에서 하나님께서 목표하신 의도를 우리가 이해하는데 중요한 단서를 제공합니다. 그것은 바로 사람들로 하여금 가장 큰 재앙을 대비하여 피할 기회를 제공하는 것이었습니다. 마지막 재앙은 기존의 아홉 가지 재앙과는 차별화되었습니다. 일단 재앙의 강도가 가장 강력했습니다. 곧 죽음의 심판이었습니다. "애굽의 모든 신을 내가 심판하리라 나는 여호와라"(출 12:12) 또한 심판의 범위가 보편적이었습니다. 유대인이라 할지라도 유월절을 지키고 어린양의 피 아래 피하지 않으면 심판을 면치 못했습니다. 이는 죽음이 인류가 경험하는 보편적인 심판임을 의미합니다. 한편 유대인이 아니라할지라도 언약백성의 일원이 되어 유월절 어린양의 피 아래 숨으면 심판을 면할 수 있었습니다. 이는 죽음의 심판을 면하도록 하는 유월절의 복음이 혈통에 근거하지 않고 오직 어린양의 피에 근거하여 차별 없이 제공된다는 사실을 예표적으로 보여주고 있습니다. 하나님의 의도는 출애굽기 12장에 기록된 언약 공동체를 탄생시켰습니다.

(출 12:37-38) 이스라엘 자손이 라암셋을 떠나서.. 육

십만 가량이요 수많은 잡족이 그들과 함께 하였으며

성경은 출애굽 공동체를 단일한 혈연 공동체로 규정하지 않습니다. "수많은 잡족"이 이 사실을 입증합니다. 출애굽 공동체는 언약 공동체였습니다. 이집트인이든 유대인이든 혹 다른 민족이든 열 가지 재앙을 통해 하나님만이 참 신이라는 사실을 깨닫고 그분의 약속을 믿은 사람들입니다.

복음적인 시각으로 열 가지 재앙을 다시 읽어보면 이것이 단순히 과거의 이야기가 아님을 알 수 있습니다. 아홉 가지 재앙의 목표가 하나님만이 참 신이신 것을 계시하셨다면, 오늘날도 하나님은 동일한 일을 하고 계십니다. 돈, 권력, 쾌락, 그리고 건강의 신을 섬기는 현대인들에게 하나님은 동일한 재앙을 내리고 계십니다. 권력을 추구하다가 몰락을 경험하고, 돈을 추구하다가 파산을 경험하고, 쾌락을 추구하다가 허무함을 느끼고, 건강을 추구하다가 질병을 얻게 하십니다. 이 재앙 속에서 적지 않은 사람들이 하나님만이 참 신임을 깨닫고 복음을 믿습니다. 그 결과 가장 무서운 마지막 재앙, 곧 영원한 죽음의 심판을 피하게 되는 것입니다. 이렇게 보면 출애굽기에 기록된 재앙에서조차 우리는 보편적인 복음의 메시지를 읽을 수 있는 것입니다. 이러한 시도는 시내산 언약을 교회 언약의 관점에서 조명할 때 부각되는 주제, 곧 하나님의 보편적인 구원계획과 이스라엘의 제사장 나라의 소명과도 잘 부합한다고 말할 수 있습니다. 언약 백성으로의 부르심과 선택은 곧 세계 선교를 지향하는 것입니다.

3

하나님 나라 언약으로 보는
시내산 언약

해석의 열쇠: 힛타아트 종주권 언약

시내산 언약을 바라보는 세 번째 관점은 종주권(宗主權) 언약입니다. 종주권 조약은 주군(主君)과 봉신(封臣) 사이에 맺어지는 주종관계의 조약입니다. 이러한 종주권 조약의 시각에서 시내산 언약을 조명하는 시도는 20세기 중엽 흥미로운 고고학적 발견과 더불어 널리 확산되었습니다. 고고학자들은 기원전 14세기 고대 힛타아트의 국왕이 주변 가신국가의 왕과 더불어 종주권 조약을 체결하고 그것을 점토에 기록한 유물을 발굴했습니다. 일례로 주전 1,300년경 힛타아트의 왕 무르실리 2세(1339-1306 BC)와 시리아 북쪽의 알레포의 탈미-샤루마 사이에 맺어진 조약이 대표적입니다. 사실 이것은 성경 외적인 발견입니다. 그런데 이것을 비슷한 시기에 기록된 모세 오경 안에 등장하는 성경의 언약과 비교해 보니 놀라운 유사성이 발견된 것입니다. 고대 근동의 종주권 조약문과 모세오경의 언약을 비교한 연구물들 가운데 대표적인 것은 1954-55년에 출판된 조지 멘델홀(George E. Mendenhall, 1916-2016)의 『이스라엘과 고대 근동의 법과 언약』(Law and Covenant in Israel and the Ancient Near East)입니다.[4] 그리 분량이 많지 않는 연구물이었으나, 학계에 미친 영향은 매우 컸습니다.

고고학자들이 발견한 힛타아트 종주권 조약들의 전형적인 구조는 다음 여섯 가지로 구성되어 있습니다.

#1. **서문** 조약을 맺는 주체인 주군이 누구인지를 밝힙니다.

#2. **역사적 서문** 과거로부터 주군과 봉신 맺어온 관계를 밝힙니다. 특히 주군이 봉신국가에게 베푼 혜택을 기술합니다.

---

4) George E. Mendenhall, *Law and Covenant in Israel and the Ancient Near East* (Pittsburgh: Biblical Colloquium,, 1955), reprinted from *The Biblical Archaeologist*, vol. 17 no. 2(May, 1954): 26-44 and no. 3(September, 1954): 49-76.

#3. 조항들 봉신에게 부가되는 의무조항들을 자세하게 기술합니다. 예를 들어 봉신은 주군에게 충성해야 합니다. 주군을 비난하는 말을 해서는 안 됩니다. 주군이 요청할 때에는 군사적 지원을 해야 합니다. 일 년에 한 차례씩 주군을 방문해야합니다. 봉신 국가들 사이에 분쟁이 일어나면 주군의 판결을 받아야 합니다.

#4. 조약서의 보관과 낭독 조약서는 일정한 곳에 보관해 두었다가 정기적으로 반복하여 낭독되어야 합니다.

#5. 증인들 조약에 대한 증인들의 목록이 등장합니다. 주로 신들의 이름이 기록되어 있습니다. 신성화된 자연물의 이름이 등장하기도 합니다.

#6. 복과 저주 봉신이 조약의 내용을 잘 지켰을 때 받게 될 복과 조약을 파기했을 때 받게 될 저주가 진술됩니다. 후자의 경우 주군은 신들의 이름으로 봉신에 대한 군사적 행동을 감행할 것입니다.

힛타아트 종주권 언약과 시내산 언약

흥미로운 것은 상기한 조약의 구조와 내용이 출애굽기의 시내산 언약과 신명기에 등장하는 모압 언약, 그리고 여호수아의 세겜 언약 구조와 매우 유사하다는 사실입니다. 일례로 힛타아트 종주권 언약의 여섯 가지 구성요소들에 비추어 십계명을 핵심으로 하는 시내산 언약과 그것을 갱신하는 모압 언약의 구조를 살펴보겠습니다.

#1. 서문 "나는... 네 하나님 여호와니라"(출 20:1-2) 언약을 맺는 주체가 하나님을 밝힙니다.

#2. 역사적 서문 "나는 너를 애굽 땅, 종 되었던 집에서 인도하여 낸 네 하나님 여호와니라"(출 20:2) 하나님께서 이스라엘에게 베푼 은혜를 기술하고, 하나님과 이스라엘의 관계를 밝힙니다.

#3. 조항들 십계명의 열 가지 조항에 해당합니다 (출 20:3-17).

#4. 조약서의 보관과 낭독 십계명 돌 판을 법궤(언약궤) 안에 보관하고 율법 책을 언약궤 곁에 둡니다(신 31: 24-26). 또한 십계명을 포함한 하나님의 율법을 "매 칠 년 끝 해 곧 면제년의 초막절에 온 이스라엘이 네 하나님 여호와 앞 그가 택하신 곳에 모일 때에 이 율법을 낭독하여 온 이스라엘에게 듣게 할지니"(신 31:10-11)라고 기록되어 있습니다.

#5. 증인들 "내가 오늘 하늘과 땅을 불러 너희에게 증거를 삼노라"(신 30:19); "그들에게 하늘과 땅을 증거로 삼으리라"(신 31:28); "하늘이여 귀를 기울이라... 땅은 내 입의 말을 들을지어다"(신 32:1). 모세는 하나님과 이스라엘 사이의 맺은 언약에 대한 증인으로 하늘과 땅을 소환합니다.

#6. 복과 저주 레위기 26장과 신명기 27-28장은 하나님과 맺은 언약을 순종했을 경우에 받게 될 복과 불순종했을 경우에 받을 저주를 상세하게 기록하고 있습니다.

이 여섯 가지 요소는 출애굽기의 시내산 언약과

신명기의 모압 언약 그리고 여호수아의 세겜 언약 안에 모두 발견됩니다.

힛타아트 종주권 조약	시내산 언약	모압 언약	세겜 언약
1. 서문	출 20: 1-2	신 1:1-5	수 24:1-2
2. 역사적 서문	출 20:2	신 1:6-3:29	수 24:26-13
3. 계약 조항	출 20: 3-17	신 4-26장	수 24:14-25
4. 언약서의 보관과 정기적 낭독	출 25:16; 24:7	신 31:24-28, 9-13	cf. 수 24:26 (기록)
5. 증인 혹은 증거물	출 24:4 "12 돌"	신 31:28-32:1 "하늘과 땅"	수 24:22, 26-27 "증인" "돌"
6. 축복과 저주	레 26:3-46	신 28-30장	수 24:20 (저주)

과연 하나님은 이스라엘과 언약을 체결하실 때, 당시의 고대근동의 일반적인 조약의 형식과 유사한 형식을 취하신 듯합니다. 그렇다면 이 사실이 함의하는 바는 무엇일까요?

유사성이 주는 함의

고대 근동의 문화권에 속해 있던 사람들은 시내산 언약 안에서 이스라엘은 왕이신 하나님의 신민(臣民)

이요, 하나님은 이스라엘을 주권적으로 통치하신다는 사실을 분명하게 인식했을 가능성이 높습니다. 당대인들에게 시내산 언약은 하나님과 이스라엘 백성 사이에 체결된 일종의 신적인 종주권 언약으로 비춰질 수 있었을 것입니다. 실제로 하나님은 이스라엘을 통치하는 왕이셨습니다. 이스라엘은 하나님의 주권적 통치가 이루어지는 하나님 나라요, 그 나라의 백성은 하나님을 "주님"이라고 부르는 하나님의 신민이었던 것입니다.

이처럼 힛타이트 종주권 조약을 통해 우리는 시내산 언약 안에 감추어진 왕과 신민의 관계를 보다 잘 이해할 수 있습니다. 한편 이러한 고고학적 발견은 모세오경의 고대성을 드러내주는 역할도 했습니다. 주지하다시피 근대 이후, 여러 개의 서로 다른 계보에 속한 자료들이 전승되어 내려오다가 후대에 편집된 것이 바로 모세오경이라는 학설이 널리 확산되었습니다. 주전 14세기에 작성된 힛타이트 종주권 조약은 그것과 유사한 구조의 언약 체계를 보여주는 모세오경 역시 충분히 오래된 문헌자료라는 것과, 글의 구조가 자체적으로 유기적인 통합성을 보여준다는 사실을 예시해 줍니다. 늦은 시기에 이르러 편집 되었다기보다는 처음부터 완성된 글로 기록되었다는 사실을 지지한다고 볼 수 있는 것입니다.

아울러 언약 관계 안에서 율법이 주어졌다는 사실 또한 중요한 신학적 함의를 가지고 있습니다. 곧 율법은 언약 관계에 들어가는 입회 조건으로 주어진 것이 아닙니다. 오히려 언약 관계 안에서 당위적인 성격의 존재 근거를 갖습니다. 십계명은 언약관계에 들어가는 조건이 아니고 이미 하나님과 언약을 맺었기 때문에 지켜야 된다는 의미입니다. 이는 우리가 행위와 구원의 관계를 성경적으로 이해할 수 있도록 돕는 통찰력을 제공합니다. 우리는 행함으로 구원을 쟁취하는 것이 아니고 이미 구원받았기 때문에 마땅히 선을 행해야만 한다는 복음의 논리적인 순서와 잘 부합한다고 볼 수 있습니다.

차별성이 주는 함의

메리데스 클라인이나 윌리엄 덤브렐, 그리고 적지 않은 수의 구약학자들은 고대의 종주권 언약과 시내산 언약 사이에 존재하는 유사성에만 주목하지 않습니다. 오히려 양자 사이에 현격하게 드러나는 차별성을 지적합니다. 이를 통해 성경에 기록된 하나님의 언약이 세상 나라들 사이에 체결되는 조약들과 근본적으로 다르다는 사실을 대조적으로 잘 드러냅니다.

첫째, 하나님이 맺으신 언약은 하나님의 일방적인 은혜의 성격을 드러낸다는 측면에서 세상 나라의 종주권 조약과 차별화 됩니다. 특히 하나님은 자기 자신을 은혜 언약에 묶으시고, 이것에 대한 기표를 자기 백성에게 주셨습니다. 일찍이 하나님은 아브라함을 불러 횃불 언약을 맺으셨습니다.

(창 15:17-18) 해가 져서 어두울 때에 연기 나는 화로가 보이며 타는 횃불이 쪼갠 고기 사이로 지나더라. 그 날에 여호와께서 아브람과 더불어 언약을 세워 이르시되 내가 이 땅을 애굽 강에서부터 그 큰 강 유브라데까지 네 자손에게 주노니

횃불 언약을 맺으시면서 아브라함에게 가나안 땅을 주시기로 약속하신 것입니다. 본서의 서두에서 출

애굽기가 아브라함 언약과 더불어 시작되었다는 말씀을 이미 드렸습니다. 이것은 정말 사실입니다. 약속의 땅은 이스라엘 백성의 공로적 행위에 의해 주어진 것이 아닙니다. 그 대신 하나님이 그들의 조상과 맺은 언약에 근거하여 주어진 선물입니다. 말 그대로 "약속"의 땅인 것입니다. 흥미로운 것은 아브라함과 언약을 체결하시면서 하나님께서 수행하신 횃불 예식입니다. 하나님은 아브라함에게 삼 년 된 암소와 삼 년 된 암염소와 삼 년 된 숫양을 잡아 둘로 쪼개 놓으라고 명령하십니다. 그리고 하나님의 횃불이 그 쪼개진 제물들 사이를 통과하십니다.

성경을 연구하는 학자들은 이 예식의 의미를 어렵지 않게 이해합니다. 이는 하나님께서 당시의 풍속을 따라 맹약을 맺으신 것이라고 설명합니다. 언약 당사자들은 둘로 쪼개놓은 짐승 사이를 통과하면서 목숨을 담보로 약속을 지킬 것을 맹세했다고 합니다. 하나님께서 가나안 땅을 주시기로 아브라함에게 약속을 하신 후에, 아브라함과 그의 자손이 이 약속을 확신할 수 있도록 하나님 스스로 쪼갠 고기 사이를 지나가신 것입니다. 만일 세상의 주군과 봉신 사이에 맹약이 이루어진다면, 봉신으로 하여금 그의 목숨을 담보로 쪼갠 짐승 사이를 걷도록 강요했을 것입니다.

430년 이후 하나님은 아브라함 언약을 성취하는 차원에서 아브라함의 자손과 더불어 시내산 언약을 체결하십니다. 이번에도 하나님은 특별한 예식을 행하십니다. 출애굽기 24장에 등장하는 피 뿌림의 예식입니다.

> (출 24:8) 모세가 그 피를 가지고 백성에게 뿌리며 이르되 이는 여호와께서 이 모든 말씀에 대하여 너희와 세우신 언약의 피니라

이미 결혼 언약으로서의 시내산 언약을 조명하면서 살펴보았던 구절입니다. 이 예식은 앞으로 예수 그리스도께서 친히 자신의 피로 새 언약을 제정하시기 전까지 예수 그리스도의 보혈을 예표했습니다. 창세기 15장의 횃불 언약에서처럼, 하나님은 하나님 자신의 생명을 담보로 언약을 체결하신 것입니다.

둘째, 하나님이 맺으신 언약은 하나님과 이스라엘

사이에 친밀한 사랑의 교제를 드러낸다는 측면에서 세상 나라의 종주권 조약과 차별화 됩니다. 종주권 조약은 말 그대로 주군과 봉신 사이에 체결되는 것입니다. 힘의 논리가 그 배경을 이루고 있습니다. 주군이 봉신에 요구하는 것은 복종이요 복종 이상의 것을 기대할 수 있다면 충성과 의리가 최대의 것이라고 말할 수 있습니다. 그러나 시내산 언약은 다릅니다. 하나님은 이스라엘 백성에게 전심에서 우러나오는 사랑을 요구하십니다.

(신 6:4-5) 이스라엘아 들으라 우리 하나님 여호와는 오직 유일한 여호와이시니 너는 마음을 다하고 뜻을 다하고 힘을 다하여 네 하나님 여호와를 사랑하라

세상의 어떤 주군도 자신의 가신들에게 감히 전심의 "사랑"을 요구하지 못합니다. 그러나 하나님께서 자신의 백성에게 요구하시는 것의 핵심이 바로 사랑입니다. 이것은 하나님께서 자신의 나라를 통치하시는 원리가 바로 사랑이라는 사실을 암시합니다. 실제로 자기 백성을 구원하기 위해 하나님이 사람이 되셨을 때, 그 분은 "사랑의 왕"으로 오셨습니다.

사랑의 왕, 예수 그리스도

(요 13:1) 세상에 있는 자기 사람들을 사랑하시되 끝까지 사랑하시니라

"유대인의 왕"(막 15:26)이요 "세상 죄를 지고 가는 하나님의 어린양"(요 1:9)으로 십자가에서 죽으신 메시아는 사랑의 왕입니다. 사랑으로 구속 사역을 성취하셨고, 공의와 사랑으로 자신의 나라를 통치하십니다. 예수님은 제자들의 마음을 사랑으로 정복하셨습니다. 지상에서의 공생애를 마무리하는 단계에서 예수님의 마지막 행적으로 소개하는 서언으로 사도 요한이 기록한 말씀이 바로 요한복음 13장 1절입니다. "유월절 전에 예수께서 자기가 세상을 떠나 아버지께로 돌아가실 때가 이른 줄 아시고 세상에 있는 자기 사람들을 사랑하시되 끝까지 사랑하시니라." 예수님께서 십자가의 죽음을 앞두고 행하신 일들 가운데 특히 두 가지를 살펴보겠습니다.

첫째, 예수님은 세족식을 통해 하나님 나라의 통치원리가 세상의 그것과는 완전히 다른 것임을 몸소

보여 주셨습니다.

> (요 13:4-5, 14) 저녁 잡수시던 자리에서 일어나 겉옷을 벗고 수건을 가져다가 허리에 두르시고 이에 대야에 물을 떠서 제자들의 발을 씻으시고 그 두르신 수건으로 닦기를 시작하여.. 내가 주와 또는 선생이 되어 너희 발을 씻었으니 너희도 서로 발을 씻어 주는 것이 옳으니라

왕이신 메시아가 자기 백성의 발을 닦아 주셨다는 것은 힘의 논리에 기초한 세상 나라의 통치 질서를 폐하시는 행위였습니다. 비단 발을 닦아주는 것에 그치지 않았습니다. 바로 다음 날, 예수님은 자기 백성을 위해 자신의 살과 피를 기꺼이 내어 주시고 십자가의 죽음을 죽으셨습니다.

한 가지 주목할 것은 가룟 유다에 대한 주님의 태도입니다. 예수님께서 제자들의 발을 씻기실 때, 그 가운데 가룟 유다도 포함되어 있습니다. 자기를 배반한 제자의 발도 씻기며 섬겨 주신 것입니다. 심지어 첫 번째 성만찬을 제정하시고 떡과 포도주를 나누어

주실 때에도 가룟 유다가 함께 했습니다. 자신을 죽음의 자리에 넘겨줄 원수에게도 자신의 살과 피를 상징하는 음식을 먹이신 것입니다. 물론 예수님은 가룟 유다의 배신을 미리 알고 계셨습니다. 앞으로 닥칠 일을 미처 알지 못했기 때문에 예수님은 붙잡혀 십자가에서 처형을 당하신 것이 아니라는 사실을 분명히 알리려는 의도에서 사도 요한은 예수님께서 유다의 배반을 미리 아셨다는 사실을 강조하여 기록합니다. 유다의 배신을 미리 알면서도 예수님은 그것을 공개하시지 않았습니다. 다만 "너희 중에 하나가 나를 팔리라"고 말씀하셨습니다(요 13:21). 이 사람이 바로 가룟 유다라는 사실을 오직 사도 요한에게만 알리셨습니다. 요한은 예수님의 품에 의지한 채로 배신할 자가 누구인지를 주님께 물었고, 주님은 요한에게만 그 사실을 살짝 알려 주셨습니다. 아마도 요한은 이 정보를 베드로와는 공유했을 것입니다. 나머지 제자들은 예수께서 유다에게 "네가 하는 일을 속히 하라"(요 13:27)고 말씀하신 의미를 전혀 파악하지 못했다고 요한은 기록하고 있습니다.

(요 13:23-30) 예수의 제자 중 하나 곧 그가 사랑하시

는 자가 예수의 품에 의지하여 누웠는지라 시몬 베드로가 **머릿짓을 하여** 말하되 말씀하신 자가 누구인지 말하라 하니 **그가 예수의 가슴에 그대로 의지하여 말하되 주여 누구니이까** 예수께서 이르시되 내가 떡 한 조각을 적셔다 주는 자가 그니라 하시고 곧 한 조각을 적셔서 가룟 시몬의 아들 유다에게 주시니 조각을 받은 후 곧 사탄이 그 속에 들어간지라 이에 예수께서 유다에게 이르시되 **네가 하는 일을 속히 하라** 하시니 **이 말씀을 무슨 뜻으로 하셨는지 그 앉은 자 중에 아는 자가 없고** 어떤 이들은 유다가 돈궤를 맡았으므로 명절에 우리가 쓸 물건을 사라 하시는지 혹은 가난한 자들에게 무엇을 주라 하시는 줄로 생각하더라 유다가 그 조각을 받고 곧 나가니 밤이러라

예수님은 가룟 유다의 악한 계획에 대해 언급하셨기 때문에, 사도 요한은 이 모든 상황의 통제권을 예수님께서 쥐고 계셨음을 확신할 수 있었습니다. 한편 유다의 입장에서 보았을 때, 예수님께서 유다의 배신을 마지막 순간까지 모두에게 공개하지 않으신 것은 그에게는 회개의 기회가 마지막까지 열려 있었음을 의미했습니다.

예수님은 베드로가 주님을 부인할 사실도 미리 알고 계셨습니다. 그리고 그에게도 회개의 기회를 제공하셨습니다. 또한 베드로가 스스로 낙심하여 믿음을 상실하지 않도록 그를 위해 기도하셨습니다. 한 걸음 더 나아가 "너는 돌이킨 후에 네 형제를 굳게하라"(눅 22:32)고 말씀하시며 사명도 주셨습니다. 주님의 기도와 미리 베푸신 용서에 힘입어 베드로는 회개의 복을 누리고 온전히 회복되었습니다.

둘째, 겟세마네 동산에서 예수님은 비상한 표적을 행하심으로 제자들에 대한 "끝까지 사랑"의 실례를 몸소 보여 주셨습니다. 예수님이 체포되는 장면을 읽을 때마다 늘 궁금했던 것이 있습니다. "왜 병사들은 예수님과 함께 있었던 세 명의 제자들을 체포하지 않았는가?" 요한복음 18장 4-11절을 자세히 읽어보면 이에 대한 분명한 답이 제시되어 있습니다. 그것은 바로 예수님께서 제자들을 체포하지 못하도록 명령하셨기 때문입니다. 병사들이 예수님의 명령을 순종할 수밖에 없었던 이유도 기록되어 있습니다. 그것은 바로 예수님께서 초자연적인 능력을 사용하여 병사들을 완전히 제압시킨 후에 제자들의 도주로를 확보해 주셨기 때문이었습니다. 어둠 속에서 병사들이 몰려왔을 때, 예수님은 "너희가 누구를 찾느냐?" 물으셨습니다. "나사렛 예수"라고 대답합니다. 아마도 큰 목소리로 위협적으로 대답했을 것입니다. 예수님은 "내가 그니라"라고 대답하십니다. 순간 병사들은 "물러가서 땅에 엎드러지는지라"라고 성경은 기록합니다. 예수님께서 능력을 발휘하여 그들을 땅에 고꾸라뜨리신 것입니다. 아마도 우리 주님께서 사람을 제압하기 위해 초자연적인 능력을 사용하신 유일한 경우가 아닐까 생각됩니다. 그 의도는 분명했습니다. 예수님께서 두 번째 물으십니다. "너희가 누구를 찾느냐?" 그들이 대답합니다. "나사렛 예수입니다." 아마도 첫 번째 와는 완전히 다른 목소리로 공손하게 대답했을 것입니다. 바로 이 때 예수님께서 말씀하십니다. "나를 찾거든 이 사람들이 가는 것을 용납하라." 사랑하는 제자들의 안전하게 탈출할 수 있도록 배려해 주신 것입니다. 상황이 이렇게 되자, 베드로는 자신의 칼을 빼어 말고의 귀를 베어버리는 행동을 했습니다. 베드로가 칼을 뺄 결단을 할 수 있었던 것은 그 자신의 용기라기보다는 주님의 능력을 의지했기 때문이었다고 생각됩니다. 물론 주님은 필요한 만큼만 능력을 사용하셨습니다. 그리고 이내 베드로의 행동을 저지하셨습니다.

> (요 18:4-11) 예수께서 그 당할 일을 다 아시고 나아가 이르시되 **너희가 누구를 찾느냐** 대답하되 나사렛 예수라 하거늘 이르시되 내가 그니라 하시니라 그를 파는 유다도 그들과 함께 섰더라. **예수께서 그들에게 내가 그니라 하실 때에 그들이 물러가서 땅에 엎드러지는지라.** 이에 다시 **누구를 찾느냐**고 물으신대 그들이 말하되 나사렛 예수라 하거늘. 예수께서 대답하시되 너희에게 내가 그니라 하였으니 **나를 찾거든 이 사람들이 가는 것은 용납하라** 하시니 **이는 아버지께서 내게 주신 자 중에서 하나도 잃지 아니하였사옵니이다 하신 말씀을 응하게 하려 함이러라.** 이에 시몬 베드로가 칼을 가졌는데 그것을 빼어 대제사장의 종을 쳐서 오른편 귀를 베어 버리니 그 종의 이름은 말고라. 예수께서 베드로더러 이르시되 칼을 칼집에 꽂으라 아버지께서 주신 잔을 내가 마시지 아니하겠느냐 하시니라

참으로 우리의 가슴을 뭉클하게 만드는 것은 요한

복음 18장 9절의 말씀입니다. 예수님께서 비상한 능력으로 사람들을 제압시키시고 제자들을 탈출시킨 것을 에언 성취로 해석한 구절입니다. "이는 아버지께서 내게 주신 자 중에서 하나도 잃지 아니하였사옵니이다 하신 말씀을 응하게 하려 함이러라." 이 진술은 진실이었습니다. 예수님은 "자기 사람들을 사랑하시되 끝까지 사랑"하시는 사랑의 왕이셨습니다.

예수님의 제자들: 과거와 현재

예수님과 제자들 사이에 존재했던 이 끈끈한 사랑의 관계를 파악하고 나면, 예수님의 승천 이후 교회사가 증언하는 제자들의 최후 행적을 보다 잘 이해할 수 있습니다. 한 때 겁쟁이였던 제자들은 믿음의 거장이 되어 예수 그리스도의 복음을 전하다가 대부분 순교의 죽음을 맞이합니다. 초대교회의 전승과 종교개혁 시기에 출판된 존 폭스의 『순교자 열전』(Actes and Monuments of these Latter and Perillous Days, Touching Matters of the Church, 1563)에 기록된 자료들에 근거해서 제자들의 마지막 모습을 정리하자면 다음과 같습니다.

[A.D.44] 야고보는 헤롯 아그립파에 의해 돌에 맞아 **순교했다.**

[A.D.54] 빌립은 채찍에 맞았으며, 감옥에 갇힌 후 십자가에서 **순교했다.**

[A.D.60] 마태는 나다바에서 미늘창에 꽂혀 **순교했다.**

[A.D.63] 작은 야고보는 94세 때 유대인들에 의해 돌에 맞고 **순교했다.**

[A.D.67] 바울은 네로의 박해 때 로마에서 목 베임으로 **순교했다.**

[A.D.68] 베드로는 로마에서 거꾸로 십자가에 못 박혀 **순교했다.**

[A.D.68] 마가는 알렉산드리아 사람들에 의해 **순교했다.**

[A.D.70] 바돌로매는 아르메니아에서 가죽 벗김을 당하고 십자가에서 **순교했다.**

[A.D.70] 안드레는 에데사에서 붙들려 X형(型)의 십자가에서 **순교했다.**

[A.D.72] 도마는 파티아와 인도에서 복음을 전했고, 인도남부 첸나이에서 창으로 관통되어 **순교했다.**

[A.D.72] 유다는 에데사에서 십자가형을 받아 **순교했다.**

[A.D.73] 맛디아는 예루살렘에서 돌에 맞고 후에 참수형으로 **순교했다.**

[A.D.73] 바나바는 사이프러스 살라미스에서 **순교했다**(추정).

[A.D.74] 시몬 혹은 셀롯은 아프리카 마우리타니와 영국에서 선교하다가 십자가형을 받아 **순교했다**.

[A.D.93] 누가는 그리스의 우상 숭배 제사장들에 의하여 올리브 나무에 목이 매달려 **순교했다**(추정).

[A.D.100] 사도 요한은 에베소로부터 로마로 강제 송환되어 기름이 끓는 솥에 던져지는 형을 받았다. 그후 도미티안은 그를 밧모 섬으로 추방하였다. 네르바 황제는 요한을 재송환하였다. 그는 사도 중에 유일하게 참혹한 죽음을 피한 사람이 되었다.

대다수의 제자들은 순교의 죽음으로 하나님께 영광을 돌렸습니다. 주님은 자신의 생명을 희생하여 제자들을 끝까지 사랑하셨습니다. 이러한 사랑을 몸소 체험한 제자들 역시 끝까지 충성된 모습으로 대위임령을 수행하다가 마지막 순간까지 주님을 사랑하는 마음으로 기꺼이 순교의 잔을 마신 것입니다.

제자들의 모습에서 우리는 세상의 나라들과는 다른 하나님 나라의 통치 원리를 확인할 수 있습니다.

그것은 바로 "사랑"입니다. 과연 사랑의 왕이신 주님은 자신의 백성을 사랑으로 정복하신 것입니다. 이후 기독교의 역사는 이러한 사랑의 통치가 전 세계로 확장되는 것과 함께 발전해 나갔습니다. 현재에도 예수님의 사랑을 맛보고 체험하는 사람들이 하나님 나라의 신민으로 가입하고 있습니다. 또한 하나님의 나라는 말과 삶으로 사랑의 복음을 전파하는 참된 제자들에 의해 끊임없이 성장하고 있습니다.

일찍이 하나님은 아브라함과 더불어 언약을 맺으셨습니다. 동일한 하나님은 모세 시대에 이르러 아브라함의 후손과 더불어 시내산 언약을 체결하셨습니다. 이후 예수님은 십자가의 보혈로 새 언약을 맺으셨습니다. 오늘날의 모든 신자들은 예외 없이 주님과의 언약관계 안에 있습니다. 이 언약 안에서 신자는 예수님을 신랑으로, 교회의 머리로, 그리고 주님이라고 부릅니다. 언약의 주님은 지금 이곳에서도 여전히 자기 백성을 통치하고 계십니다. 과거에 자기 제자들을 끝까지 품고 사랑하셨던 것과 동일한 사랑으로 우리 모두를 통치하시는 것입니다.